VON MORGENTHAU ZU MERKEL

Eduard Huber

Von Morgenthau zu Merkel

Der gerade Weg in den Untergang

HOHENRAIN TÜBINGEN

Zum Umschlagmotiv:

»Illusion ist die erste aller Freuden« (Ocar Wilde)
Die heutige Masseneinwanderung ist eindeutig ein angelsächsisches Zerstörungsmodell gegen die Nationalstaaten Westeuropas, insbesondere gegen Deutschland. Die USA streben eine globale Hegemonie vor allem mittels einer Auflösung der ethnischen Homogenität in den einzelnen Staaten der Welt an. Der berühmt-berüchtigte American Way of Life hat in vielen Ländern bereits zu einem beträchtlichen nationalpolitischen Substanzverlust geführt.

Huber, Eduard :

Von Morgenthau zu Merkel :
Der gerade Weg in den Untergang /
Eduard Huber.- Tübingen : Hohenrain-Verlag 2016
ISBN 978-3-946107-04-0

ISBN 978-3-946107-04-0

Postfach 1611, D-72006 Tübingen
www.hohenrain-verlag.de

Gedruckt in Deutschland

Inhaltsverzeichnis

Vorwort

Was hat Angela Merkel mit Henry Morgenthau zu tun? Mehr, als man denkt, und wahrscheinlich auch mehr, als Frau Merkel weiß. Der Name Morgenthau steht nun einmal für die Pläne, Deutschland als Großmacht auszuschalten und womöglich auf den Stand eines bedeutungslosen Agrarstaats zurückzustufen, weil es die Kreise der alten Großmächte allzu empfindlich gestört hat.

Nun ist ja nicht zu leugnen, daß die Reichsgründung von 1871 einen schrillen Mißklang in das traditionelle ›Konzert der fünf Mächte‹ gebracht hatte, das seit 1815 gespielt worden war. Es ist auch klar, daß das überhebliche preußische Auftrumpfen Wilhelms II. und die hemmungslose Machtpolitik Hitlers die Welt gegen Deutschland aufgebracht haben. Aber vor allem die amerikanischen Pläne der frühen vierziger Jahre waren dennoch so sehr von einem blinden Geist der Rache diktiert, daß sie nichts Positives bewirken konnten.

Zum Glück wurden sie nicht konsequent umgesetzt, waren aber doch in einem Punkt sehr wirkungsvoll: in der systematischen Umerziehung der Deutschen zu armen Sündern im Büßerhemd, welche die Verbrechen, die sie (angeblich oder tatsächlich) begangen hatten, in alle Ewigkeit nicht würden wiedergutmachen können. Nur im Rahmen dieses endlosen Bußprogramms ist die ›Willkommenskultur‹ verständlich, die Frau Merkel predigt und die, wenn nicht alles täuscht, zu einer existentiellen Krise Deutschlands führen wird.

Im Dezember 2015 wählte das amerikanische *Time-Magazin* Angela Merkel zur »Person des Jahres«. Hinter ihr auf Platz 2 landete ›der Kalif‹ Abu Bakr al Bagdadi, auf Platz 3 der Präsidentschaftskandidat Donald Trump – ein tolles Trio! Aber was verschaffte Frau Merkel die hohe Ehre? Die Begründung lautete, sie habe Präsident Putin in der Ukraine-Krise die Stirn geboten, habe Griechenland (nach ihren Bedingungen) in der Euro-Zone gehalten, vor allem aber habe sie in der Flüchtlingskrise das Prinzip der offenen Grenzen durchgesetzt.

Die Folgen der letzten Großtat sind inzwischen sichtbar: über eine Million Flüchtlinge im Jahre 2015, die – nicht zuletzt dank Merkels großzügiger Einladung – nach Deutschland geströmt sind, eine heillose Überforderung der deutschen Behörden, fast tägliche Schlägereien in den Massenunterkünften, die Silvesterkrawalle von Köln, die nur die Spitze eines Eisbergs bilden, und trotz allem die unbeirrbare Behauptung der Kanzlerin: »Wir schaffen das!« Woher diese irrationale Zuversicht? Oder steckt ein Plan dahinter?

Nancy Gibbs, die Chefredakteurin der *Time*, machte in ihrer Begründung zumindest eine Andeutung: »Bei Merkel schwang ein anderer Wertekanon – Menschlichkeit, Güte, Toleranz – mit, um zu zeigen, wie die große Stärke Deutschlands zum Retten statt zum Zerstören genutzt werden kann. Es ist selten, einem Anführer bei dem Prozeß zuzusehen, eine alte und quälende nationale Identität abzulegen.«*

Bingo! Deutschland soll seine alte Identität ablegen und sich eine neue suchen, natürlich eine bessere, menschlichere, für alle Welt vorbildliche. Der Kölner Kardinal Woelki war von Merkels ›Willkommenskultur‹ so begeistert, daß er verkündete: »Deutschland leuchtet!« (Hoffentlich nicht wie der Sendero luminoso, der Leuchtende Pfad in den Anden! Aber was nicht ist, kann ja noch werden.) Wird also an diesem deutschen Wesen wieder einmal die Welt genesen?

Es ist natürlich nicht mehr das alte deutsche Wesen der Bismarck-Zeit, der Wilhelminischen Ära oder gar des Dritten Reiches, denn (wie es in der Begründung der *Time* heißt) »Germany has spend the past 70 years testing antidotes to its toxically nationalist, militarist, genocidal past«*, zu deutsch: Deutschland hat die letzten 70

* Die Zitate nach: http:// time. time-person-of-the-year-2015-angela-merkel-choice/)

Jahre damit zugebracht, Gegengifte gegen seine giftige nationalistische, militaristische und völkermörderische Vergangenheit auszuprobieren. – Also wieder einmal das bekannte Geschichtsbild, das vor Jahren ein englischer Staatssekretär so auf den Punkt gebracht hat: »Die Deutschen haben im 20. Jahrhundert nichts weiter zustande gebracht als zwei Weltkriege und einen Holocaust.«

Nun muß also nicht nur diese vergiftete Vergangenheit durch Wohltaten für die Menschheit entgiftet, sondern, um einen Rückfall zu vermeiden, auch noch die deutsche Identität verändert werden, bunter, vielfältiger, eben multikulturell, wie es linke Utopisten schon seit Jahrzehnten propagieren. Es soll nicht nur ein neues Deutschland werden, sondern auch ein anderes Volk. Und das ist wohl der tiefere Grund für Merkels Auszeichnung: Die Amerikaner erkennen oder spüren zumindest, daß nun endlich die alten Pläne der Berater von Präsident F. D. Roosevelt umgesetzt werden sollen, von Kaufman, Nizer, Morgenthau u. Co., die für die Nachkriegszeit vorsahen, die Deutschen nicht nur durch eine »Charakterwäsche« (wie Schrenck-Notzing es genannt hat) umzupolen, sondern auch genetisch zu verändern: durch Kastration der deutschen und Zuwanderung fremder junger Männer. Vom ersten Teil der Operation hat man dann doch abgesehen, aber der zweite wird nun von der Kanzlerin rücksichtslos durchgeführt.

Es ist ein »historisches Experiment«, wie die *Time* Merkels Politik auch charakterisiert hat, und das Labor, in dem dieses Experiment nun stattfindet, heißt ›Bundesrepublik Deutschland‹. Man kann darauf wetten, daß es demnächst in die Luft fliegt.

US-Präsident Franklin Delano Roosevelt. Deutschland sollte auch ohne Hitler angegriffen werden.

1.

Amerika und die Deutschen

»Ich werde Deutschland zermalmen! Es wird nach dem Krieg kein Deutschland mehr geben.«

FRANKLIN DELANO ROOSEVELT, 1932 (!)

aus: E. Reichenberger, *Wider Willkür und Machtrausch*, Graz, 1955, S. 241

Als der Zweite Weltkrieg begann, dachten die Amerikaner nicht daran, sich schon wieder in einen europäischen Krieg hineinziehen zu lassen. Aber was heißt ›Weltkrieg‹? Was im September 1939 geschah, war ein deutscher Feldzug in Polen, der am 1. September begann und am 28. desselben Monats mit dem Fall von Modlin beendet war. Zur allgemeinen Überraschung hatte die deutsche Wehrmacht, die sich erst im Aufbau befand, die kampferprobte polnische Armee geschlagen, die 1920 an der Weichsel die Rote Armee besiegt hatte. Der Polenfeldzug ging so rasch über die Bühne, daß niemand den Polen zu Hilfe eilen konnte. Im Gegenteil: Am 17. September griff Stalin in Ostpolen ein und brachte es unter sowjetische Herrschaft.

Die Westmächte England und Frankreich erklärten zwar am 3. September Deutschland den Krieg, unternahmen jedoch weiter nichts. Und Stalin blieb völlig unbehelligt, denn die Westmächte waren vorausschauend genug zu wissen, daß sie gelegentlich auf seine Hilfe angewiesen sein könnten. Sie hielten also still und rüsteten auf. An der deutsch-französischen Grenze gab es ›une drôle de guerre‹, wobei sich die Soldaten beider Seiten gegenseitig mit Musik und Tanz unterhielten.

Hitler nutzte die Atempause, um Friedensfühler nach England und Frankreich auszustrecken, denn er wollte keinen Krieg im Westen. Sein Ziel war bekanntlich die Gewinnung von »Lebensraum im Osten«, und Frankreich liegt nun einmal auf der Gegenseite. »Das Geheimtelegramm Botschafter Bullitts vom 11. Dezember 1939 an Präsident Roosevelt überliefert die Tatsache, daß den Franzosen bis Anfang Dezember 1939 von Berlin durch Geheimkuriere weiterhin Friedensangebote gemacht wurden, zu welchen der französische Ministerpräsident Daladier zum Schein Stellung nahm und angebliches Interesse vorspiegelte, um die Deutschen hinzuhalten und einen Angriff der Wehrmacht frühestens im Frühjahr 1940 möglich erscheinen zu lassen.«[1] Bekanntlich hatte er Erfolg damit.

Stalin griff unterdessen am 30. November Finnland an mit dem Ziel, es zu annektieren, was aber am hartnäckigen Widerstand der finnischen Streitkräfte scheiterte. So kam es am 10. März 1940 zum Frieden von Moskau, in dem Finnland etwa ein Zehntel seines Staatsgebiets verlor. Die Westmächte reagierten auf diesen Gewaltakt der Sowjetunion so wenig, wie sie auf die Annexion Ostpolens reagiert hatten. Was Stalin durfte, durfte Hitler auf keinen Fall! Es war klar, daß er schon zu jenem Zeitpunkt in die Zange zwischen England und Rußland geraten war und nicht mehr wußte, wie er jenen Zweifrontenkrieg vermeiden könnte, den er in *Mein Kampf* so energisch verdammt hatte.

Das amerikanische Volk fühlte sich von diesen europäischen Händeln vorläufig noch wenig berührt. Allerdings hatte ihr Präsident Roosevelt Hitler von Anfang an im Auge. Schon 1933 studierte er *Mein Kampf,* wenn auch in einer verkürzten Ausgabe. »Nicht ohne Einfluß blieben auch die Schilderungen, die aus dem Reich emigrierte Juden und politische Gegner Hitlers (lieferten), die zusammen mit anderen Nachrichten Roosevelt ausreichten, um den Nationalsozialismus zusammen mit dem Faschismus zu einer ›politischen Seuche‹ zu erklären, welche es im Interesse der Völker auszutilgen gelte.«[2]

Verhängnisvoll für Roosevelts Vorstellung von Hitler wirkte sich aus, daß ihm im Sommer 1940 die *Gespräche mit Hitler* von Hermann Rauschning vorgelegt wurden, die zu neunzig Prozent reine Erfindung sind, was aber der Präsident nicht wissen konnte. So kam er in einer ›Plauderei am Kamin‹ am 30. Dezember 1940 zu

---

1 Alfred Schickel, *Aus den Archiven,* München–Berlin 1993, S. 32.

2 Ebenda, S. 157.

dem Schluß: »Die nationalsozialistischen Herrscher von Deutschland haben es klargemacht, daß sie beabsichtigen, nicht nur alles Leben und Denken in ihrem eigenen Lande zu beherrschen, sondern auch ganz Europa zu versklaven und dann die Hilfsmittel Europas zu verwenden, um den Rest der Welt zu beherrschen... Kein Volk kann die Nationalsozialisten besänftigen. Niemand kann einen Tiger zähmen, daß er ein kleines Kätzchen wird, indem er ihn streichelt. Wir wissen jetzt, daß ein Volk mit den Nationalsozialisten nur Frieden haben kann, wenn es bereit ist, sich zu unterwerfen.«[3]

Roosevelt wurde in seiner Meinung über Hitler nicht zuletzt dadurch bestärkt, daß die Wehrmacht im Mai und Juni 1941 Frankreich fast ebenso schnell besiegte wie zuvor Polen, und das, obwohl auch englische Streitkräfte den Franzosen beistanden, die sich schließlich nur durch ›das Wunder von Dünkirchen‹ retten konnten. Trotzdem blieb das amerikanische Volk immer noch reserviert, was einen offiziellen Kriegseintritt verhinderte. Außerdem hatte sich Roosevelt im Wahlkampf 1940 als Friedenspräsident dargestellt, so daß er jetzt nicht sogleich die Richtung wechseln konnte. Aber er war entschlossen, England und Frankreich mit Rüstungsgütern (Flugzeugen, Panzern, Geschützen usw.) zu versorgen, um sie gegen Hitler zu unterstützen.

Um seiner indirekten Beteiligung am europäischen Krieg einen Anschein von Legalität zu verleihen, ließ sich der Präsident durch das Leih- und Pacht-Gesetz (»Lend Lease Act«) im März 1941 vom Kongreß ermächtigen, seine Alliierten in Europa mit Kriegsgerät zu versorgen, selbst wenn sie es nicht bezahlen konnten.

Es war damals schon klar, daß Amerika demnächst auch offiziell in den Krieg eingreifen würde. Das Problem bestand nur darin, daß sich das Volk immer noch störrisch zeigte und zum Isolationismus neigte. Also mußte es durch massive Propaganda umgestimmt werden. Die Hunnenpropaganda des Ersten Weltkriegs war

---

[3] Schickel, ebenda, S. 158.

inzwischen allerdings kalter Kaffee und konnte nicht erneut servier werden. Ein neues Feindbild mußte her.

Dieses Bild hatte Roosevelt bereits in seiner berühmten Quarantäne-Rede vom 5. Oktober 1937 skizziert: »Der Frieden, die Freiheit und die Sicherheit von neunzig Prozent der Weltbevölkerung werden von den restlichen zehn Prozent gefährdet, durch die ein Zusammenbruch von Recht und Ordnung droht. . . Wenn eine Epidemie sich auszubreiten beginnt, dann beschließt die Gemeinschaft, die Patienten unter Quarantäne zu stellen, um die Gemeinschaft vor Ansteckungsgefahr zu schützen.«[4]

Deutschland wurde also zunächst als Patient mit einer ansteckenden Krankheit betrachtet. Aber was war das für eine Krankheit? Natürlich der Nationalsozialismus, darüber hinaus jedoch der angebliche deutsche Größenwahn, zusammen mit Japan und Italien die Weltherrschaft erringen zu können. Der markanteste Vertreter dieser Idee war der Ministerialdirektor im State Department George S. Messersmith, der einen enormen Einfluß auf den Präsidenten ausübte. In einer Denkschrift vom Oktober 1937 stellte er dar: »Das Dreieck Rom–Berlin–Tokio stelle eine weltweite politische und wirtschaftliche Gefahr für die Demokratien dar. Die Existenz nichtfaschistischer friedliebender Völker sei für die Diktaturen eine ständige Herausforderung. Um ihre sozialpolitischen Systeme auf die Dauer zu festigen, würden Italien, Japan und Deutschland sich genötigt sehen, ›der übrigen Welt‹ ihre Ordnung aufzuzwingen. Messersmith warnte vor der Annahme, ›mit den Diktaturen irgendwelche dauernden Übereinkommen treffen zu können‹.«[5] Diese alsbald propagierte Vorstellung führte bei naiven Amerikanern zur Befürchtung, die Deutschen hätten allen Ernstes vor, Amerika zu erobern, und die Amerikaner wären danach gezwungen, Deutsch zu sprechen. Ein ganz schrecklicher Gedanke!

---

[4] Dirk Kunert, *Ein Weltkrieg wird programmiert*, Frankfurt/M.–Berlin 1986, S. 200.

[5] Ebenda, S. 169.

Einer der eifrigsten Vertreter der These, daß Amerika in Gefahr sei, war der amerikanische Botschafter in Paris, William C. Bullitt, der im September 1940 einen »Bericht an das amerikanische Volk« verfaßte. Darin heißt es klipp und klar: »Amerika ist in Gefahr.« Bullitt beschwört »einen Angriff der Diktatoren auf Amerika« und behauptet: »Das deutsche Volk ist zu einer räuberischen Angriffsarmee gemacht worden. Seine Organisation ist militärisch. Seine militärischen Operationen haben einen außerordentlichen Schwung. Es kann seinen Lauf nicht anhalten. Es kann nur aufgehalten werden.«[6] Gegen Ende seines Memorandums versteigt er sich zu der Phrase: »Wollen wir denn Hitler in der Independence Hall sehen, wie er mit der Freiheitsglocke seinen Spott treibt? NEIN!«[7] – Wenn in den höchsten politischen Kreisen eines Landes solche Wahnvorstellungen um sich greifen, wird es bedrohlich.

Dazu kam nach dem Kriegsbeginn in Europa die übliche Greuelpropaganda, wie man sie schon aus dem Ersten Weltkrieg kannte. Besonders eifrig beteiligte sich daran die zahlreiche polnische Gemeinde in Amerika. In einer Resolution des Polnisch-Amerikanischen Rates vom 30. August 1942 werden die deutschen Greuel folgendermaßen aufgelistet:

»Zusammen mit den Bewohnern des unterdrückten Polen verlangen wir im Namen Gottes und der ewigen Gerechtigkeit Sühne:

Für die bestialische Ermordung von polnischen Müttern und Kindern, die zu Hunderttausenden nur wegen ihres Glaubens und wegen ihrer Volkszugehörigkeit umkommen;

für das systematische Verbrechen, ausgeführt mit wahrhaft satanischer Perfektion und Vorausplanung, der Ermordung von polnischen Wissenschaftlern und Künstlern, Priestern und Lehrern, Angehörigen der Intelligenzberufe und Akademikern – der Blüte der männlichen Intelligenz Polens;

für die grausame Behandlung polnischer Kriegsgefangener, die die elementarsten Rechte der Menschlichkeit verletzt;

---

[6] Alfred Schickel, aaO. (Anm. 1), S. 58 ff.

[7] Ebenda, S. 68.

für die ungezügelte Ausraubung polnischer Kirchen und aller Zeichen polnischer Kultur;

für die Plünderung polnischer Städte, Dörfer und Wohnstätten durch die deutsche Armee, die schändlicherweise die Rolle von gemeinen Mördern, Räubern und Dieben gespielt hat;

für die brutale Vergewaltigung Hunderttausender von Mädchen, die in den Orgien einer entmenschten deutschen Soldateska geopfert wurden;

für die zerstörten Leben von Millionen polnischer Jungen, die sterilisiert wurden, um die Auslöschung des polnischen Volkes herbeizuführen.

Die Liste der von Deutschen in Polen begangenen Verbrechen ist endlos – Verbrechen, welche die erregten Gefühle normaler Menschen schockieren und die in ihrem Ausmaß und ihrer Grausamkeit im moralischen Kodex der modernen Gesellschaft sich jeder Definition entziehen.«[8]

Um das eigentlich Unvorstellbare der deutschen Verbrechen dennoch verständlich zu machen, versuchten es die polnischen Autoren auf die »Grundlage historischer Tatsachen« zu stellen, nämlich »daß Deutschland, egal, welche Regierungsform es hatte, nie ein positives, schöpferisches Element, selbst im politischen Sinn, gewesen ist, sondern immer eine Ordnung verkörperte, die von einem Geiste der Arroganz und Aggression und des Raubes und der Vergrößerung angetrieben wurde, auf Kosten des unschuldigen Blutes, das von seinen friedliebenden und friedlichen Nachbarn vergossen wurde«.[9]

Präsident Roosevelt war von dieser Darstellung sehr beeindruckt und sah sich in seinen Vorstellungen von den deutschen »Nazihorden« bestätigt.

Was in Polen damals wirklich geschehen ist, weiß man erst, seit Alfred de Zayas die Akten der Wehrmachtuntersuchungsstelle

---

[8] Schickel, ebenda, S. 205.

[9] Ebenda, S. 206.

ausgewertet hat. Über die Zustände nach dem Polenfeldzug schreibt er: »Der Oberbefehlshaber Ost, Generaloberst Johannes Blaskowitz, verlangte im Oktober 1939 ein Verfahren wegen Mordes und Plünderung gegen zwei SS-Standartenführer – aber vergeblich. Blaskowitz verfaßte daraufhin zwei Beschwerden, die Hitler zugingen. In seiner zweiten Denkschrift vom 6. Februar 1940 stellte Blaskowitz fest: ›Die Einstellung der Truppe zu SS und Polizei schwankt zwischen Abscheu und Haß. Jeder Soldat fühlt sich angewidert und abgestoßen durch diese Verbrechen, die in Polen von Angehörigen des Reiches und Vertretern der Staatsgewalt begangen werden. Er versteht nicht, wie derartige Dinge, zumal sie sozusagen unter seinem Schutz geschehen, ungestraft möglich sind.‹«[10] Es sind also Verbrechen begangen worden, aber bei weitem nicht in dem Umfang, den das polnische Memorandum behauptet, und kaum von Angehörigen der Wehrmacht, die das Vorgehen von SS und Polizei als schändlich empfanden. Aber die Vorstellung von den deutschen Barbaren gehörte nun einmal zum Feindbild der Amerikaner.

Immer wieder beschäftigten sich amerikanische und englische Autoren mit der Frage, ob es nicht am Nationalcharakter der Deutschen liege, daß sie solche Verbrechen begingen. So schrieb der britische Historiker Sir Lewis Namier in einer Buchkritik zu A. J. P. Taylors *Course of German History*: »Warum werden einzelne Deutsche in nichtdeutscher Umgebung nützliche, anständige Bürger, und warum entwickeln sie auf der anderen Seite – sobald sie in Gruppen auftreten – Tendenzen, die sie zu einer Bedrohung für ihre Mitmenschen werden lassen?. . . Wir nennen den Deutschen ›unmenschlich‹: denn manchmal benimmt er sich wie eine Bestie und manchmal wie ein Roboter. Er ist zwar gebildet, aber nicht zivilisiert.«[11] Deutsche benehmen sich also nicht wie Menschen,

---

[10] David P. Calleo, *Legende und Wirklichkeit der deutschen Gefahr,* Bonn 1980, S. 182.

[11] Alfred M. de Zayas, *Die Wehrmachtuntersuchungsstelle,* München 1981, S. 246.

sondern wie Bestien oder Roboter, und das scheint in ihrer Natur zu liegen.

So entwickelte sich, vor allem in der angelsächsischen Welt, die Vorstellung von einer Verbrechernation, die seit Jahrhunderten eine Gefahr für den Frieden in Europa und der Welt darstelle. Man vermutete sogar, die Deutschen hätten ein Verbrecher-Gen, eine angeborene Bosheit, die nicht anders zu bewältigen sei, als indem man dieses Volk ausrottete oder zumindest soweit dezimierte, daß es keine Gefahr mehr darstellte.

Götz Wiedenroth, Politik-Karikatur vom 20. 2. 2013 zum Thema: Pläne für die Abschaffung Deutschlands schmieden

2.

Kaufman, Nizer, Morgenthau

»Wir müssen hart mit Deutschland umgehen, und ich meine das deutsche Volk, nicht nur die Nazis. Entweder müssen wir das deutsche Volk kastrieren, oder man muß die Deutschen in einer Weise behandeln, daß sie nicht immerzu Leute in die Welt setzen, die so weitermachen wollen wie früher.«

FRANKLIN DELANO ROOSEVELT

aus: James Bacque, ***Der geplante Tod,*** **1989**

Im Frühjahr 1941 erschien in Amerika das Buch *Germany must perish* von Theodore N. Kaufman. Darin unterbreitete dieser den Vorschlag, »durch Zwangssterilisierung der gesamten zeugungsfähigen deutschen Bevölkerung beiderlei Geschlechts das deutsche Volk auszurotten. Zehntausend Ärzte könnten binnen drei Jahren diese Arbeit durchführen und dadurch das deutsche Volk zum Aussterben bringen«.[12] So weit man weiß, hat sich auch Roosevelt mit dieser Schrift beschäftigt. Charles Lindbergh berichtet in seinen Kriegstagebüchern auch über andere Ausrottungspläne, zum Beispiel den Vorschlag, jeden männlichen Deutschen zwischen dem 10. und 60. Lebensjahr zu erschießen. Aber nachdem man bemerkt hatte, daß das »doch nicht gut möglich sei«, schlug man vor, »sie einfach zu sterilisieren«.[13]

Das waren wilde Phantastereien, die kaum Aussicht auf Verwirklichung hatten. Je länger sich der Krieg hinzog und je näher die Möglichkeit rückte, Deutschland tatsächlich umzukrempeln, desto realistischer wurden auch die Pläne. »Um die Jahreswende 1943/ 44 erschien in Chicago ein Buch des jüdischen Rechtsanwalts Louis Nizer mit dem Titel *What to do with Germany?* Die Lektüre des Buches wurde wärmstens empfohlen, unter anderem von dem damaligen Senator und späteren Nachfolger Roosevelts, Harry Truman, dem damaligen Vizepräsidenten Henry A. Wallace, der norwegischen Nobelpreisträgerin für Literatur Sigrid Undset. In der amerikanischen Armee wurde es zur Pflichtlektüre für Offiziere.

---

[12] Georg Franz-Willing, *Umerziehung*, Coburg o. J., S. 34.

[13] Charles Lindbergh, *Kriegstagebuch 1938–1945*, Wien 1970, S. 278 f. (Tagebucheintrag vom 5. 2. 1942)

Nizer arbeitete vier Bereiche zur Beantwortung der Preisfrage ›Was ist mit Deutschland zu tun?‹ heraus:

1. Bestrafung der Verletzungen des internationalen Rechts und der Gebote der Humanität; 2. Vorbeugende Maßnahmen gegen ein Wiederaufleben des deutschen Militarismus; 3. Eine Politik wirtschaftlichen und finanziellen Wiederaufbaus; 4. Ausrottung der giftigen Lehren des Pangermanismus.«[14]

Hier geht es also um Bestrafung, wie sie dann im Nürnberger Prozeß und ähnlichen Prozessen praktiziert wurde, um das, was später ›Umerziehung‹ genannt wurde, und immerhin auch um Wiederaufbau. Nizer forderte jedoch auch eine kollektive Bestrafung der Deutschen, und zwar aus historischen Gründen; denn »die deutsche Angriffslust gründe nicht in einzelnen, zeitweiligen Führern, ›ob es Karl der Große ist, Barbarossa, Friedrich Wilhelm, der Große Kurfürst, Friedrich der Große, Bismarck, der Kaiser oder Hitler, die Krieg gegen die Menschheit führen‹. Nein, ›es ist das deutsche Volk‹«.[15] Daß dieses Volk schon immer ein Feind der Zivilisation gewesen sei, beweise die Schlacht von Adrianopel (378 n. Chr.), in der die Goten den byzantinischen Kaiser Valens besiegten. Also Deutsche = germans = Goten! – Amerikanern mag man dergleichen vielleicht erzählen, aber es ist einfach abstrus.

Der Plan, der schließlich der praktischen Umsetzung am nächsten kam, war der Plan des Finanzministers Henry Morgenthau jr., der im wesentlichen von seinem Mitarbeiter Harry Dexter White ausgearbeitet und am 4. September 1944 Präsident Roosevelt vorgelegt wurde. Das etwa zwölf Seiten umfassende Papier trug den Titel: »Memorandum über die Behandlung Deutschlands nach der Kapitulation«. Darin ging es neben den Maßnahmen der Bestrafung der Verantwortlichen und der Entnazifizierung auch um die künftige Wirtschaftspolitik: »Der Lebensstandard der deutschen Bevölkerung soll auf das Existenzminimum herabgedrückt, die

[14] Franz-Willing, aaO. (Anm. 12), S. 35.

[15] Ebenda, S. 36.

deutsche wirtschaftliche Machtstellung in Europa eliminiert und die deutsche wirtschaftliche Kapazität in einer Weise umgewandelt werden, daß sie in einem Maße auf Ein- und Ausfuhren angewiesen ist, daß Deutschland durch eigene Mittel nicht mehr auf Kriegsproduktion umstellen kann.«[16]

Der Präsident ließ dieses Memorandum auch seinen wichtigsten Kabinettsmitgliedern zugehen und stieß dabei auf den entschiedenen Widerspruch ausgerechnet seines Kriegsministers Henry Stimson. Dieser schrieb bereits am 5. September an den Präsidenten: »Ich kann mir nicht vorstellen, daß ein solcher Vorschlag möglich oder wirksam sein könnte, und ich sehe gewaltige Übel von einem Versuch kommen, Deutschland so zu behandeln. Während der vergangenen 80 Jahre europäischer Geschichte war dieser Teil Deutschlands, bekannt als die Saar und die Ruhr, eine der wichtigsten Quellen von Rohmaterial, auf denen der industrielle und wirtschaftliche Lebensunterhalt Europas beruhte.« Und hinsichtlich der Bevölkerung des Saarlandes und des Ruhrgebiets fuhr er fort: »Ich kann den Vorschlag nicht als realistisch betrachten, daß angesichts der derzeitigen wirtschaftlichen Lage der Welt eine solche Region in ein nichtproduzierendes ›Geister-Gebiet‹ verwandelt werden kann, wo es doch zum Zentrum eines der am meisten industrialisierten Kontinente der Welt geworden ist, bevölkert von Menschen mit Energie, Kraft und Fortschrittsgeist.«[17]

Stimson hielt es auch nicht für sinnvoll, Deutschland in verschiedene Staaten und ein internationalisiertes Gebiet an der Ruhr aufzuspalten. Vor allem aber gab er zu bedenken: »Auch kann ich nicht zustimmen, daß eine unserer Absichten sein soll, die deutsche Bevölkerung am ›Existenzminimum‹ festzuhalten, falls dies den Rand der Armut bedeutet. Dies würde die Verurteilung des deutschen Volkes zu einer Lage der Knechtschaft bedeuten, in der ein Mann ohne Rücksicht darauf, wie hart oder tüchtig er arbeitet,

---

[16] Alfred Schickel, aaO. (Anm. 1), S. 300.

[17] Ebenda, S. 300 f.

in der Welt seine wirtschaftliche Lage nicht materiell verbessern könnte. Ein solches Programm würde, so meine ich, Spannungen und Ressentiments schaffen, die jeden unmittelbaren Vorteil an Sicherheit übersteigen und die Schuld der Nazis und die Bösartigkeit ihrer Doktrinen und Taten verdunkeln würden.«[18]

Da Roosevelt trotzdem den Vorschlägen Morgenthaus zuneigte, reichte Stimson am 9. September ein »Memorandum für den Präsidenten« nach, in dem er seine Bedenken gegen Morgenthaus Vorschlag äußerte, die Hauptkriegsverbrecher sollten nach ihrer Identifizierung direkt durch ein Erschießungskommando liquidiert werden. In diesem wie in einigen anderen Punkten stellte sich später Churchill auf die Seite Stimsons, was schließlich im Sommer 1945 zur Errichtung des Nürnberger Militär-Tribunals führte.

Am 9. September 1944, also am selben Tag, an dem Stimson sein Memorandum vorgelegt hatte, fand eine Konferenz mit Roosevelt, Morgenthau, Hull und Hopkins statt, in der sich Stimson einer geschlossenen ›Morgenthau-Phalanx‹ gegenübersah. Aber er knickte nicht ein, sondern bekräftigte in einem zweiten Memorandum, er sei »weiterhin der Meinung, daß die vom Finanzministerium vorgeschlagene Liste auf lange Sicht bestimmt zerstören wird, was wir durch einen vollständigen militärischen Sieg zu erreichen beabsichtigen, das heißt: den Weltfrieden und die Sicherung sozialer, wirtschaftlicher und politischer Stabilität in der Welt«.[19] Indirekt an die Adresse von Dexter White und dessen kommunistischen Hintermännern stellte er klar: »Es liegt nicht im Bereich des Möglichen, eine Nation von 70 Millionen Menschen, die viele Jahre auf den Gebieten der Kunst und Wissenschaften herausragten und die durch ihre Tüchtigkeit und Energie eines der höchsten industriellen Niveaus in Europa erreicht haben, durch Gewalt dazu zu zwingen, ihren gesamten früheren Lebensstil aufzugeben, sie auf das Niveau von Bauern zurückzuzwingen und praktisch die gesamte

---

[18] Schickel, ebenda, S. 301.

[19] Ebenda, S. 303.

Kontrolle ihrer Industrie und Wissenschaft der Aufsicht anderer Völker zu unterstellen.«[20]

Es war ein fast aussichtsloser Kampf des Kriegsministers, denn der Präsident war Deutschland gegenüber ebenso feindselig eingestellt wie sein Finanzminister Morgenthau und dessen Berater, aber er erreichte doch einen Teilerfolg: Er schloß einen Kompromiß mit dem Finanzministerium und dem State Department, das heißt seinen Kollegen Morgenthau und Hull, der eine »Interimslösung für die Periode nach der Kapitulation« vorsah. Darin waren zwar viele Elemente des ursprünglichen Plans enthalten, er »sah aber keine endgültige ›Agrarisierung‹ Deutschlands vor, verschonte das deutsche Volk vor der beabsichtigten Verelendung, gewährte den deutschen Angeklagten von Nürnberg ein Minimum an juristischem Schutz und nahm den Deutschen nicht jede Zukunftsperspektive. Den ›karthagischen Aspekt‹ des ursprünglichen Morgenthau-Plans konnte Henry Stimson durch seine Gegenvorstellungen jedenfalls weitgehend eliminieren«.[21] Es zählt zu den großen Ungerechtigkeiten der Weltgeschichte, daß nun der fanatische Morgenthau immer noch berühmt, der besonnene und ehrenwerte Stimson dagegen weitgehend vergessen ist.

Was aber steht nun im revidierten Morgenthau-Plan, der dem Oberkommandierenden General Eisenhower und seiner Armee als Richtschnur für die Behandlung Deutschlands diente? In Punkt 1 wird »die vollständige Entmilitarisierung Deutschlands in der kürzestmöglichen Zeit« gefordert.

Punkt 2 betrifft die Teilung Deutschlands.

a) Polen soll den Teil Ostpreußens bekommen, der nicht an die UdSSR geht, und den südlichen Teil von Schlesien, wie auf der beiliegenden Karte angezeichnet (Anhang A).

b) Frankreich sollte die Saar und die anstoßenden Gebiete, begrenzt durch die Flüsse Rhein und Mosel, bekommen.

---

[20] Schickel, ebenda, S. 304.

[21] Ebenda, S. 308.

c) Wie in Teil 3 angemerkt, sollte eine Internationale Zone mit der Ruhr und dem umliegenden Industriegebiet geschaffen werden.

d) Der verbleibende Teil Deutschlands sollte in zwei autonome, unabhängige Staaten geteilt werden, 1. einen Süddeutschen Staat, umfassend Bayern, Württemberg, Baden und einige kleinere Gebiete, und 2. einen Norddeutschen Staat, der einen großen Teil des alten Staates Preußen, Sachsen, Thüringen und mehrere kleine Staaten umfaßt.«[22]

Man sieht sofort, daß schließlich nichts nach Plan gelaufen ist. Die Polen haben nicht nur den südlichen Teil, sondern ganz Schlesien an sich gebracht, ebenso Hinterpommern, das nicht erwähnt ist. Die Franzosen dagegen haben weit weniger bekommen, als vorgesehen. Der Rest Deutschlands ist auch nicht in zwei Staaten, sondern in vier Besatzungszonen aufgeteilt worden, aus denen sich dann doch noch zwei Staaten entwickelt haben, aber völlig anders als geplant.

»3. Das Ruhrgebiet (Die Ruhr, die umliegenden Industriegebiete, wie auf beiliegender Karte gezeigt, einschließlich des Rheinlandes. . .)

Hier liegt das Herz der deutschen industriellen Kraft, die Brutstätte der Kriege. Dieses Gebiet sollte nicht nur aller gegenwärtig bestehenden Industrien entkleidet werden, sondern so geschwächt und kontrolliert, daß es in überschaubarer Zukunft kein industrielles Gebiet mehr werden kann.« Darauf folgt eine lange Liste von Maßnahmen, durch die dieses Ziel erreicht werden soll. Für die Zukunft am folgenschwersten aber war

»5. Erziehung und Propaganda.

a) Alle Schulen und Universitäten werden geschlossen werden, bis eine Alliierte Erziehungskommission ein wirksames Programm zur Reorganisierung aufgestellt hat. Es wird überlegt, ob eine beträchtliche Zeit erforderlich sein wird, bevor irgendeine Einrichtung für gehobene Erziehung wiedereröffnet wird. Inzwischen

---

[22] Schickel, ebenda, S. 322 ff.

wird die Ausbildung deutscher Studenten an ausländischen Universitäten nicht verboten. Grundschulen werden wiedereröffnet, sobald geeignete Lehrer und Lehrbücher vorhanden sind.

b) Alle deutschen Rundfunksender und Zeitungen, Zeitschriften, Wochenblätter usw. werden eingestellt, bis angemessene Kontrollen eingerichtet sind und ein geeignetes Programm formuliert ist.«[23]

Es war also eine alliierte Erziehungskommission, die bestimmte, was deutsche Schüler künftig zu lernen hatten, und es gab »angemessene Kontrollen« für die deutschen Medien. Die freie Meinungsäußerung war damit vorläufig suspendiert und das hochentwickelte deutsche Bildungswesen zur Disposition gestellt. Vor allem das dreigliedrige Schulsystem war den Amerikanern ein Dorn im Auge, einerseits, weil sie seine Funktion nicht verstanden, andererseits, weil es die Grundlage von Wissenschaft und Technik war, die man zurückstutzen wollte, um Deutschland von einem raschen Wiederaufstieg abzuhalten. Eines der Ziele des Morgenthau-Plans war ja, »den Engländern auf diese Weise die deutsche Konkurrenz aus dem Weg zu räumen«.[24] Dieses Ziel wurde dann wieder nicht erreicht!

Aber etwas anderes gelang gründlicher, als die Alliierten selbst vorhergesehen hatten: Die Deutschen waren gelehrige Schüler! Sie übernahmen das amerikanische Weltbild so vollständig, daß sie fast völlig vergaßen, wer sie eigentlich waren. Mit ihren ›verbrecherischen Vorfahren‹ sollten und wollten sie nichts mehr zu tun haben, also warfen sie sich ihren neuen ›Freunden‹ in die Arme und bemühten sich, amerikanischer zu werden als die Amerikaner selbst. Nun war alles, was aus Amerika kam, selbstverständlich gut, und was einmal als deutsch gegolten hatte, schlecht. Die Weltgeschichte begann für sie nun mit 1776 und 1789, ihre eigene 1945, und die zwölf Jahre davor erhielten den Sonderstatus ›unsere Vergangenheit‹.

---

[23] Schickel, ebenda, S. 324 f.

[24] Ebenda, S. 306.

Mancher deutsche Patriot hoffte rund ein halbes Jahrhundert später, zur Zeit der Wende 1989/90, daß sich nun neue Perspektiven eröffneten. Hellmut Diwald schrieb damals: »Wir sind weit davon entfernt, uns ein Richteramt über die Geschichte anderer Völker anzumaßen. Doch jetzt ist es an der Zeit, uns für unsere eigene Geschichte endlich als allein zuständig zu erklären. Man kann es nicht eindringlich genug betonen und wiederholen mit aller Leidenschaft und Härte: Die deutsche Geschichte gehört uns Deutschen. Uns und nur uns und niemand anderem als uns. Wer sie verzerren, verstümmeln, nach seinen eigenen Interessen zurechtbiegen oder uns gar entwenden will, dem sollten wir diejenige Antwort geben, die schon seit 1945 fällig ist.«[25]

Aber diese Mahnung verhallte völlig ungehört. Auch die zunächst widerspenstigen DDR-Bürger wurden gezwungen, das etablierte Geschichtsbild der Bundesrepublik zu übernehmen. Das Urteil über die deutsche Geschichte ist rechtskräftig; eine Revision ist nicht zugelassen.

---

[25] Hellmut Diwald, *Deutschland einig Vaterland. Geschichte unserer Gegenwart*, Frankfurt/M.–Berlin ²1990, S. 153 f.

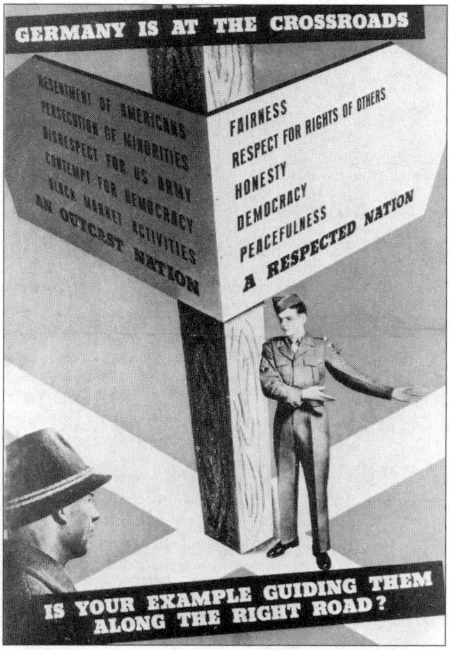

Deutschland am Scheideweg« – eines der ersten Reeducation-Plakate 1945.

3.

Die Folgen der totalen Niederlage

»JCS 1067 ließ der Militärregierung nur begrenzte Vollmachten. Es untersagte uns ausdrücklich, Schritte zu unternehmen, die deutsche Wirtschaft irgendwie wiederherzustellen. . . Es stand außer Zweifel, daß JCS 1067 einen Karthago-Frieden zum Ziel hatte, der unser Handeln in den ersten Besatzungsmonaten bestimmte.«

LUCIUS D. CLAY

Seit der berühmten Rede Richard von Weizsäckers von 1985 hat sich in vielen Köpfen die Meinung festgesetzt, Deutschland sei 1945 befreit worden. Befreit wovon? Befreit von seinen schönen alten Städten, die noch im Frühjahr 1945 systematisch in Schutt und Asche gelegt wurden? Befreit von seinen Ostprovinzen, von Ost- und Westpreußen, von Hinterpommern, Ostbrandenburg und ganz Schlesien? Befreit von annähernd fünf Millionen Menschen, die noch nach der Kapitulation durch brutale Vertreibungen, hemmungslose Racheakte, Deportation und Gefangenschaft, Hunger und Kälte zugrunde gingen? (Es gibt dazu die mehrbändige *Dokumentation der Vertreibung der Deutschen aus Ost-Mitteleuropa* und eine erschütternde Zusammenfassung der gesamten Katastrophe von Heinz Nawratil.[26] Wie konnte die fromme Legende von der ›Befreiung‹ überhaupt aufkommen, wo doch der Generalstab der Streitkräfte der USA in seiner Direktive JCS 1067 an den Oberbefehlshaber Eisenhower klargestellt hatte:

»4. Grundlegende Ziele der Militärregierung in Deutschland

a) Es muß den Deutschen klargemacht werden, daß Deutschlands rücksichtslose Kriegführung und der fanatische Widerstand der Nazis die deutsche Wirtschaft zerstört und Chaos und Leiden unvermeidlich gemacht haben und daß sie nicht der Verantwortung für das entgehen können, was sie selbst auf sich geladen haben.

b) Deutschland wird nicht besetzt zum Zweck seiner Befreiung, sondern als ein besiegter Feindstaat. . .« [27]

---

[26] Heinz Nawratil, *Die deutschen Nachkriegsverluste unter Vertriebenen, Gefangenen und Verschleppten*, München–Berlin 1986.

[27] *Deutsche Geschichte in Quellen und Darstellung*, Bd. 10: *Besatzungszeit, BRD und DDR 1945–1969*, Stuttgart 1998, S. 41.

Der Grund für die bis heute andauernde Geistesverwirrung war die systematische Umerziehung der Deutschen mit dem Zweck, ihnen die angeblich angeborene kriegerische Gesinnung ein- für allemal auszutreiben und sie zu braven Demokraten und wertvollen und friedliebenden Mitgliedern der Völkergemeinschaft zu machen. Zu diesem Zweck mußte die zwölfjährige NS-Zeit in den schwärzesten Farben gemalt werden, um die Verdienste der Sieger und die von ihnen geschaffene neue Ordnung desto heller erstrahlen zu lassen.

Nun ist es ja eine Binsenweisheit, daß die Sieger die Geschichte bestimmen. (Bert Brecht: ». . . und der Sieger schreibt die Geschichte.«) Aber es kommt selten vor, daß auch die Besiegten diese Version voll und ganz übernehmen oder sie gar noch übersteigern. Bei den Deutschen aber verhält es sich eindeutig so, worüber sich selbst die ehemaligen Gegner bisweilen wundern. So schreibt zum Beispiel der amerikanische Historiker David P. Calleo: »Viele deutsche Autoren scheinen eine Art perversen Vergnügens daran zu finden, ihrem eigenen Volk eine einzigartige Schlechtigkeit zuzuschreiben, die es von der übrigen Menschheit abhebt.«[28]

Möglicherweise hängt es mit dem zusammen, was Präsident Roosevelt von Hitler gehalten hat: »Für ihn war Hitler die Verkörperung der ›schafsmäßigen Natur des deutschen Volkes und seiner Vorliebe für Medizinmänner, Zaubersprüche und Tamtam‹.«[29] Nach dem Krieg folgten also die Deutschen mit ihrer »schafsmäßigen Natur« den amerikanischen Medizinmännern mit demselben Stumpfsinn, mit dem sie vorher den nationalsozialistischen Tamtam mitgemacht hatten.

Aber nicht sofort! Die Kriegsgeneration, die sowohl den Aufstieg Hitlers als auch die Schrecken des Krieges erlebt hatte, ließ sich von den Siegern nicht so leicht ein neues Weltbild verordnen. Sie hatte zuviel erlebt und zuviel erlitten, als daß sie es nötig ge-

---

[28] David P. Calleo, aaO. (Anm. 10), S. 18 f.

[29] Dirk Kunert, aaO. (Anm. 4), S. 176.

habt hätte, sich erzählen zu lassen, was geschehen war. Dazu war erst die nachfolgende Generation bereit, die wenig wußte und sich von der Propaganda der Sieger aufschwatzen ließ, was ihre Väter doch für ›Verbrecher‹ gewesen seien.

Nun ist es ja gar keine Frage, daß die Nationalsozialisten Verbrechen begangen haben; fraglich ist allerdings, ob sie so einmalig waren, wie man sie dargestellt hat. Ist nicht das ganze 20. Jahrhundert ein Jahrhundert der Massenmorde gewesen, vom Genozid an den Armeniern 1915 bis zur Abschlachtung der Tutsi durch die Hutu in Ruanda 1994? Die Zahl der durch die Sowjets Ermordeten wird auf 50 Millionen geschätzt, auf 50 bis 60 Millionen die der Chinesen, welche dem kommunistischen Terror zum Opfer gefallen sind. War es um die weniger schade als um die Menschen, die von den ›Nazis‹ umgebracht worden sind? Das wäre nun ein Rassismus mit umgekehrtem Vorzeichen. Es wäre zu wünschen, daß in diesem gottverlassenen 20. Jahrhundert nur die Deutschen zu Verbrechern geworden wären, aber leider reihten sie sich in eine Kolonne vieler anderer Verbrecher ein, die nicht minder grausam waren als sie. Charles Lindbergh bemerkte dazu schon gegen Ende seines Kriegstagebuchs: »Wir, die wir behaupten, die Deutschen hätten durch ihre Behandlung der Juden die gesamte Menschheit beschmutzt, haben mit unserer Behandlung der Japaner bewiesen, daß wir um kein Haar besser sind.«[30]

Das wußten wohl auch viele Amerikaner, nicht zuletzt jene, die Deutschland besetzten und feststellten, daß die meisten Deutschen ganz gewöhnliche Menschen waren und keine Bestien, wie sie die Kriegspropaganda gezeichnet hatte. Dieselbe Feststellung machten auch Engländer und Franzosen. So berichtete der spätere Nobelpreisträger Albert Camus, der im Sommer 1945 die französische Besatzungszone bereiste, in einer französischen Zeitung: »Die auffälligste Eigenschaft der Deutschen unter der Besatzung ist, immer nach den ersten Eindrücken geurteilt, ihre Natürlichkeit. Nach

[30] Zit. bei Franz-Willing, aaO. (Anm. 12), S. 27 f.

diesen fünf Jahren, in denen so viele Dinge, die alles, nur nicht natürlich zu sein schienen, muß man darüber tatsächlich staunen. Die Menschen im Süden Deutschlands leben neben den französischen Soldaten, als hätten sie seit je so gelebt. Ich habe (in Uniform) bei Einheimischen gewohnt. Man hat mich dort herzlich begrüßt, man wünschte mir eine gute Nacht, man sagte mir, daß der Krieg keine gute Sache war, daß der Frieden besser sei – vor allem der ewige Frieden.«[31] Wahrscheinlich trugen solche Erfahrungen dazu bei, daß die ursprünglichen Rachepläne der Sieger dann doch nicht mit aller Konsequenz durchgeführt wurden.

In einem Punkt waren die Sieger allerdings konsequent: in der Etablierung ihres eigenen Systems; das bedeutete in der Trizone die Errichtung eines demokratischen Systems nach westlichen Vorstellungen, in der Sowjetzone die eines kommunistischen Systems nach russischem Muster. Betrachten wir hier nur die westliche Seite! Nach dem Zusammenbruch des NS-Regimes gab es immer noch eine demokratische Verfassung, nämlich die Weimarer von 1919. Diese war formal gültig, denn die Nationalsozialisten hatten sie zwar mißbraucht, aber niemals aufgehoben. Die Deutschen dachten also, daß das einfachste wäre, sie wieder in Kraft zu setzen. Dieser Meinung waren jedenfalls die Ministerpräsidenten der neu errichteten deutschen Länder. Die Siegermächte, vor allem die Amerikaner, bestanden jedoch darauf, daß eine neue Verfassung gegeben werde.

Nun ist es seit der Französischen Revolution die Regel, daß eine Verfassung nur durch eine zu diesem Zweck gewählte Constituante, d. h. Verfassunggebende Nationalversammlung, geschaffen werden kann. Aber nichts dergleichen geschah, obwohl es im Dokument I der Londoner Empfehlungen vom 7. Juni 1948 vorgesehen war! Die Ministerpräsidenten befürchteten, daß die deutsche Teilung dadurch zementiert würde. Also wurden 65 Abgeordnete

---

[31] Albert Camus, »Idyllisches Totenland. Bilder aus dem besetzten Deutschland«, in: *Frankfurter Allgemeine Zeitung* vom 24. April 2003.

aus den Länderparlamenten ausgewählt, einen ›Parlamentarischen Rat‹ zu bilden und eine neue Verfassung zu schreiben, die dann aber nicht so heißen durfte, sondern schamhaft »Grundgesetz« genannt wurde.

Da schon keine Nationalversammlung gewählt war, wäre es das mindeste gewesen, daß die Deutschen über den Verfassungsentwurf hätten abstimmen dürfen, aber nicht einmal das geschah! Das Grundgesetz wurde am 23. Mai 1949 einfach verkündet – und das war's dann. Die »Schafsnatur der Deutschen« zeigte sich wieder einmal von ihrer besten Seite, und die normative Kraft des Faktischen siegte über das Recht.

Nun soll damit nicht behauptet werden, diese auferlegte Verfassung sei schlecht. Man hatte aus den Schwächen der Weimarer Verfassung gelernt und ein respektables Werk geschaffen. Studiert man es jedoch genauer, erkennt man zumindest an zwei Punkten, daß das deutsche Volk seine Souveränität dadurch keineswegs wiedergewonnen hatte. So bestimmt Art. 139: »Die zur ›Befreiung des deutschen Volkes vom Nationalsozialismus und Militarismus‹ erlassenen Rechtsvorschriften werden von den Bestimmungen dieses Grundgesetzes nicht berührt.« Es gab also neben dem Grundgesetz Bestimmungen, die von den Alliierten diktiert waren, in den Ausgaben fürs Volk aber nie aufgeführt wurden. Merkwürdig ist, daß dieser Artikel 139 unverändert in die Neufassung nach der Wiedervereinigung übernommen worden ist. Die Sieger dürfen also nach wie vor ›entnazifizieren‹.

Den tiefsten Einschnitt in den Grundsatz der Volkssouveränität bildet aber »Artikel 24:

(1) Der Bund kann durch Gesetz Hoheitsrechte auf zwischenstaatliche Einrichtungen übertragen.

(2) Der Bund kann sich zur Wahrung des Friedens einem System gegenseitiger kollektiver Sicherheit einordnen; er wird hierbei in die Beschränkung seiner Hoheitsrechte einwilligen, die eine friedliche und dauerhafte Ordnung in Europa und zwischen den Völkern der Welt herbeiführen und sichern«.

Der hehre Gedanke, daß in einer Demokratie der eigentliche Souverän das Volk sei, wird hier kaltlächelnd abserviert. Der Bund darf Hoheitsrechte aufgeben, ohne lange das Volk fragen zu müssen. Und er hat von diesem fragwürdigen Recht auch reichlich Gebrauch gemacht: bei der Schaffung des Europarats 1949, bei der Gründung der Montanunion 1951, bei der der Europäischen Wirtschaftgemeinschaft (EWG) 1957, die sich über die EG inzwischen zur EU weiterentwickelt hat und immer weitere Souveränitätsrechte an sich zieht.

Am spektakulärsten zeigte sich die Entmündigung des deutschen Volkes bei der Ersetzung der D-Mark durch den Euro. Während die französischen Staatsbürger bis ins ferne Polynesien über die Einführung des Euro abstimmen durften, waren die Deutschen (wie selbstverständlich) nicht gefragt. Sie konnten sich auch nie zu Maastricht, Lissabon, Schengen und sonst einem tiefen Einschnitt in ihre Selbstbestimmung äußern. So gilt für sie weiterhin das Diktum Hitlers über die deutsche Jugend: »Und sie werden nicht mehr frei ihr ganzes Leben« – Hitler als Prophet, wer hätte das gedacht!

Fotocollage mit Bildern von KZ-Opfern: »Erinnere Dich daran! Keine Fraternisierung!« – eine Warnung vor der Verbrüderung mit dem Feind. Veröffentlicht in: *The Tacoma Sunday News Tribune* (Washington, 3. Juni 1945).

4.

»Unsere Vergangenheit«

»Die in ihrem Identitätsbewußtsein nahezu psychopathologisch gestörten ›Befreiten‹ von heute sind nicht imstande, sich ... in der Kontinuität ihres Herkommens und ihrer Geschichte zu sehen. Wie wollen diese Verdränger der eigenen Vergangengeit, die für sie ausschließlich als ein dumpfes Gefühl kollektiver Erbschuld fortlebt, denn die Gegenwart bewältigen. . .?«

ULRICH SCHWARZE

Jede Nation gewinnt ihr Selbstbewußtsein aus ihrer Geschichte, nicht nur aus der politischen, das heißt aus ihren Siegen und Niederlagen, sondern vor allem aus der Kulturgeschichte. Es gibt wohl keinen Italiener, der nichts von Dante und Petrarca wüßte, von Leonardo und Michelangelo und Raffael, von Verdi und Puccini. Ebenso wird jeder echte Franzose Pascal und Voltaire kennen, Corneille und Racine, Claude Monet und Paul Gauguin; nicht zuletzt wird er stolz auf die wahrhaft wunderbaren gotischen Kathedralen sein, auf Chartres und Bourges und Notre Dame de Paris und all die anderen. So hätten die Deutschen allen Grund, auf die großen Leistungen ihrer Nation in Wissenschaft und Kunst stolz zu sein: Als vor Jahren eine internationale Umfrage gemacht wurde, welches die bedeutendste Erfindung der Neuzeit sei, wurde von den meisten die Erfindung des Buchdrucks durch Johannes Gutenberg genannt. Bekanntlich haben Deutsche auch noch ein paar andere Erfindungen gemacht; und in der Literatur haben sie auch nicht nur Goethe und Schiller vorzuweisen. Wie die Italiener auf Raffael und Tizian, können sie auf Dürer und Grünewald zeigen. Und statt der Kathedralen haben sie ihre romanischen Kaiserdome und dazu selbst ein paar gotische Kathedralen, vor allem den Kölner Dom und das Straßburger Münster, das ihnen inzwischen leider abhanden gekommen ist.

Aber wovon reden nun die Deutschen, wenn sie pathetisch »unsere Vergangenheit« sagen? Sie meinen nichts anderes als jene unseligen Jahre zwischen 1933 und 1945, die nicht mehr als 1 Prozent (in Worten: ein Prozent) der deutschen Geschichte ausmachen. Man muß ja gar nicht bis zu den alten Germanen, sondern nur bis zu Karl dem Großen zurückgehen, um auf über 1200 Jahre zu kommen. Aber von der grandiosen, tatsächlich tausendjährigen Geschichte des Heiligen Römischen Reiches Deutscher Nation (800–1806) sind die Deutschen völlig abgeschnitten, so, als hätte es das Mittelalter überhaupt nicht gegeben. Falls die Dummköpfe noch etwas davon zu wissen meinen, fallen ihnen Kreuzzüge und Hexenverbrennungen ein.

Vor etlichen Jahren hat einmal ein englischer Staatssekretär geäußert: »Das einzige, was die Deutschen im 20. Jahrhundert zustande gebracht haben, sind zwei Weltkriege und ein Holocaust.« Er hat dafür seinen Hut nehmen müssen, aber man könnte fragen, warum; hatte er doch nur ausgesprochen, was viele in England und nicht nur dort denken. Vor allem in den USA gab es Autoren, die den Deutschen nicht nur im 20. Jahrhundert, sondern lange davor nichts als Krieg und Verbrechen zutrauten. Einer von ihnen war der schon erwähnte Louis Nizer mit seinem Machwerk *What to do with Germany?*, in dem er behauptete, die Deutschen führten seit jeher »Krieg gegen die Menschheit«. Es war das bekannte Schreckensbild von den deutschen Hunnen.

Man könnte dergleichen als billige Polemik abtun, wenn es nicht Auswirkungen auf das Denken und Handeln eines amerikanischen Präsidenten gehabt hätte. Rätselhaft bleibt jedoch, wie solche Vorstellungen den Deutschen nahegebracht werden konnten, bis sie sich selbst für ein ›Verbrechervolk‹ hielten. Predigen allein half da nicht, vielmehr war eine Art Schocktherapie notwendig. Dieser Schock wurde vor allem durch die Bilder ausgelöst, die den Deutschen von den befreiten Konzentrationslagern gezeigt wurden, insbesondere von Bergen-Belsen. Die erschreckenden Bilder von den Leichenbergen dieses Lagers führten den Deutschen vor Augen, daß die Anschuldigungen der Sieger nicht nur wahr waren, sondern von der Wirklichkeit weit übertroffen wurden.

Die meisten Leute, die von den Lagern zwar gehört, aber keine klare Vorstellung davon hatten, zeigten sich nicht nur erschüttert, sondern bis ins Mark getroffen. Der biedere Deutsche hatte sich bis zu diesem Punkt gar nicht vorstellen können, daß Deutsche zu solchen Verbrechen fähig wären. Die Schreckensbilder von Bergen-Belsen brachen ihnen nun moralisch das Kreuz, so daß sie von da an zum aufrechten Gang nicht mehr fähig waren. Sie sanken ohnmächtig in die Knie wie der sonst keineswegs fromme Willy Brandt, und viele erhoben sich nie wieder.

Nun dürfen und sollen die Verbrechen des NS-Regimes keineswegs relativiert werden, aber vielleicht ist es siebzig Jahre nach dem Schock an der Zeit zu betrachten, wie es zum Schlußakt der Tragödie von Belsen gekommen ist. Der Lagerkommandant Josef Kramer hat dazu als Gefangener der Engländer eine Erklärung abgegeben, worin er schreibt:

»Als ich am 1. Dezember (1944) übernahm, waren grob gerechnet 15000 Personen im Lager; etwa 200 starben im Dezember; am 1. Januar 1945 waren 17000 Personen im Lager; 600 starben im Januar; am 1. Februar waren 22000 Personen im Lager. Vom 15. Februar an bin ich nicht mehr in der Lage zu sagen, wie viele Häftlinge ich hatte, weil kein Buch darüber mehr geführt wurde, denn das erwies sich als ausgesprochen unmöglich angesichts der hereinströmenden Transporte aus den Lagern in Schlesien, die evakuiert wurden, und, wie ich bereits erwähnte, die Lagerlisten, die ich geführt hatte, habe ich im März vernichtet.

Ich weiß die Zahl der Todesfälle, die in dieser Zeitspanne eingetreten waren, überhaupt nicht mehr, aber die Zustände in Belsen verschlimmerten sich von Mitte Februar bis Mitte April 1945, als die Alliierten kamen. Ich habe das Lager während dieser Zeitspanne täglich inspiziert, und mir waren die Zustände und die große Zahl der Personen, die starben, völlig klar. Die Sterberaten in den Monaten Februar, März und April stiegen allmählich an, bis sie 400 oder 500 pro Tag erreichten. Diese Zahl rührte von der Tatsache her, daß, wenn die Leute gesund waren, ich sie zum Arbeitseinsatz hinausschicken mußte und nur die Kranken und Sterbenden dabehielt.«[32]

---

[32] Arthur R. Butz, *The Hoax of the Twenthieth Century*, Richmond, Surrey, 1976, deutsche Ausgabe: *Der Jahrhundertbetrug*, Vlotho o. J., S. 344.

Er berichtet dann, wie es immer schwieriger wurde, die trotz der Todesfälle wachsende Zahl der Gefangenen zu versorgen, und wie er Lastwagen bis nach Hannover schickte, um Brot zu beschaffen. Schließlich gibt er eine Erklärung für die Todesfälle:

»Zwischen dem 20. und 28. Februar 1945 meldete mir der Lagerarzt, es sei Fleckfieber im Lager ausgebrochen. Die Tatsache wurde von einem biologischen Institut in Hannover bestätigt. Ich habe darum das Lager geschlossen und einen Bericht nach Berlin gesandt. Die Antwort aus Berlin lautete, ich hätte das Lager offen zu halten, um Transporte aus dem Osten aufzunehmen, ob Fieber oder nicht.«[33]

Kramer wurde noch einmal in Berlin vorstellig, und am 20. März wurde das Lager endlich von Gruppenführer Pohl inspiziert. »Die erste von ihm vorgeschlagene Maßnahme war, das Lager zu schließen und keine Leute mehr aufzunehmen. Ich schlug Pohl zwei Maßnahmen vor, um mit der Lage fertig zu werden: a) keine weiteren Transporte ins Lager und b) den Austausch von Juden im Lager sofort vorzunehmen. Das Ergebnis war, daß er in meinem Büro ein Schreiben nach Berlin diktierte, das besagte, daß der Austausch von Juden sofort vorzunehmen wäre. Dieser Austausch fand schließlich in den letzten Märztagen statt. Ich weiß nicht, gegen wen diese Häftlinge ausgetauscht werden sollten, aber sie verließen Belsen in Richtung Theresienstadt. Zwischen 6000 und 7000 Personen wurden abtransportiert, um ausgetauscht zu werden (drei Eisenbahnzüge voll).« Die Opfer der Typhusepidemie, deren Anblick danach die Welt erschreckte, waren also keine Juden, sondern zum größten Teil Russen.

»Es stand ein Krematorium im Lager, und solange wie Koks geliefert wurde, wurden alle Leichen eingeäschert. Als es keinen Koks mehr gab, wurden sie in Massengräbern beerdigt.«[34] Aber in den letzten Tagen Mitte April, bevor die Engländer das Lager be-

---

[33] Butz, ebenda, S. 346.

[34] Ebenda, S. 347.

freiten, fand sich offenbar niemand mehr bereit oder war keiner mehr imstande, die riesige Zahl von Toten zu bestatten. So bot sich den Befreiern jenes grauenvolle Bild, das sie dann wirkungsvoll in Szene setzten. Der später berühmte Alfred Hitchcock wurde als Berater hinzugezogen, um mit den Bildern den größtmöglichen Effekt zu erzielen. Und die Wirkung blieb bekanntlich nicht aus.

Die Deutschen sind nun einmal ein biederes und gutgläubiges Volk. Daß so etwas Schreckliches in ihrem Land geschehen konnte, brachte sie völlig aus der Fassung. Von nun an wußten sie nicht mehr, was sie von sich selbst denken sollten. Aber sie hatten ja ihre alliierten Vormünder, die ihnen das Denken abnahmen. Da galt eben wieder einmal der vom Militär bekannte Grundsatz: »Überlaßt das Denken den Pferden! Die haben größere Köpfe.« Was man den Deutschen damals verschwieg und bis heute verschweigt, ist die Tatsache, daß jene Schreckensbilder doch unmöglich den Lageralltag darstellen können. Oder glaubt jemand im Ernst, in deutschen Konzentrationslagern seien jahrelang Leichenberge gestapelt worden? Die Bilder von Bergen-Belsen sind Dokumente des totalen Zusammenbruchs. Im Frühling 1945 funktionierte in Deutschland so gut wie nichts mehr; Produktion und Infrastruktur brachen zusammen, und man weiß aus Erfahrung, daß es da die Ärmsten der Armen immer am härtesten trifft. Und das waren in diesem Fall die KZ-Insassen. Es ist wie beim Untergang eines großen Passagierschiffs, wo die in den unteren Decks die geringsten Überlebenschancen haben.

Das ist keine Entschuldigung für ein an sich unmenschliches System! Nur eine Erklärung für die Schrecken seiner Agonie. Unausgesprochen galt auch in deutschen Lagern oft die Devise des sowjetischen GULag: »Ihr verreckt hier bei ehrlicher Arbeit!« Und doch gab es einen gewissen Unterschied, auf den Armin Mohler einmal aufmerksam gemacht hat: »Bekannt ist Himmlers Befürchtung, das KZ-System vermöge auf seiten der Bewacher verbrecherische Instinkte zu wecken, welche sich zu einer Gefährdung von

Staat und Bewegung auswachsen könnten. Besonders fürchtete er Korruption und sexuelle Perversion. So richtete er ein System zur Überwachung der Bewacher ein. Die Schlüsselfigur scheint dabei der SS-Richter Dr. Konrad Morgen gewesen zu sein. Er war mit erheblichen Vollmachten ausgestattet, unvermutet in den KZs aufzutauchen und ohne Rücksicht auf Rang oder Parteiverdienste Verbrechen aufzudecken. (Der persönlich untadelige Mann hat nach dem Krieg seinen Beruf als Rechtsanwalt in einer westdeutschen Großstadt noch längere Zeit ausgeübt. Unseres Wissens ist er von keinem Spezialisten der Geschichte des Dritten Reiches über seine Erfahrungen befragt worden.)«[35] Man kann sich denken, warum: Entlastungszeugen der Deutschen waren nicht gefragt.

Die verheerendste Folge der Bilder von Bergen-Belsen und anderen Lagern war nicht, daß die Deutschen als Verbrecher dastanden, sondern daß sich diese Verbrechen wie ein Gebirge zwischen ihnen und ihrer eigentlichen Vergangenheit auftürmten. Dabei waren es nicht einmal die Sieger, die dieses Gebirge in die Höhe schoben, sondern die Deutschen selbst, die, erschreckt von den moralischen Abgründen, die sich aufgetan hatten, diese Barriere anstarrten, hinter der mehr als tausend Jahre ihrer Geschichte beinahe spurlos verschwanden.

Da sie es selbst kaum bemerkten, mußten Ausländer wie der Amerikaner Calleo sie darauf aufmerksam machen: »Es zählt tatsächlich zu den bemerkenswerten Leistungen der modernen offiziellen Geschichtsschreibung, daß sie ausgerechnet die Deutschen, die niemals ein ernst zu nehmendes echtes Kaiserreich gehabt hatten, als die giftigsten Träger der imperialistischen Krankheit darstellten. Kurz gesagt: Deutschlands ›Aggressivität‹ gegen die internationale Ordnung läßt sich aus der Beschaffenheit dieser Ordnung heraus ebenso plausibel erklären wie aus einer der besonderen Eigenschaften der Deutschen. Sogar die Nazi-Episode

---

[35] Armin Mohler, *Der Nasenring. Im Dickicht der Vergangenheitsbewältigung*, Essen 1989, S. 140.

kann man weniger als Folge eines angeborenen Fehlers der deutschen Kultur interpretieren oder als ein gewissermaßen eigengesetzlich zum Ausbruch kommendes nationales Geschwür, das sich nach einem eigenen inneren Rhythmus entwickelt, sondern als Folge des intensiven Drucks, der von außen her auf Deutschland lastete. Geographie und Geschichte hatten sich verschworen, Deutschland zu einem späten, raschen, anfechtbaren und umkämpften Aufstieg zu verhelfen. Die übrige Welt reagierte darauf, indem sie den Emporkömmling zermalmte.«[36]

Calleos Studie zu *Legende und Wirklichkeit der deutschen Gefahr* ist 1980 in deutscher Sprache erschienen, hat aber kaum eine Wirkung auf die Selbstwahrnehmung der Deutschen erzielt. Sie, das heißt ihre sogenannten ›Eliten‹, hielten unbeirrt an all ihren negativen Vorurteilen fest und erklärten sich ihre Katastrophe weiterhin aus dem »Sonderweg« der deutschen Geschichte, obwohl die beiden Engländer David Blackbourn und Geoff Eley (ebenfalls 1980) in zwei glänzenden wissenschaftlichen Essays nachgewiesen hatten, daß es einen solchen Sonderweg nie gegeben hatte.[37] Die deutsche Schafsnatur blieb resistent gegen alle neuen Einsichten, die ihr Zerrbild von der eigenen Geschichte hätten korrigieren können.

Es gibt freilich einige deutsche Autoren, die sich gegen das Umerziehungsprogramm der Amerikaner nach dem Zweiten Weltkrieg ereifern, aber sie übersehen geflissentlich, daß zum Erziehen (wie zum Streiten) immer zwei gehören: einer, der erzieht, und ein anderer, der sich erziehen läßt. Da nun die ersten, die das amerikanische Weltbild übernahmen, Erwachsene waren, liegt die Verantwortung ebenso bei ihnen wie bei ihren übereifrigen Umerziehern. Amerikaner sind nun einmal davon überzeugt, das vorbildlichste und nachahmenswerteste politische System der Welt zu besitzen,

---

36 David P. Calleo, aaO. (Anm. 10), S. 23.

37 David Blackbourn u. Geoff Eley, *Mythen deutscher Geschichtsschreibung. Die gescheiterte bürgerliche Revolution von 1848*, Frankfurt/M.–Berlin–Wien 1980.

aber die Deutschen waren trotz ihrer Niederlage nicht gezwungen, es einfach zu übernehmen. Nicht zuletzt hätten sie sich fragen müssen: Wenn schon das deutsche Volk ein Verbrechervolk ist, wer in meiner Familie hat denn tatsächlich Verbrechen begangen: mein Vater, mein Onkel, mein großer Bruder? Wo sind all diese Verbrecher? Es sind ja nicht alle in Nürnberg oder Landsberg hingerichtet worden. – Aber so konkrete Fragen sind niemals gestellt worden, und keiner hat der deutschen Jugend je klargemacht: Wenn eure Väter Verbrecher waren, dann seid ihr eine elende Verbrecherbrut! Also, was quiekt ihr so, ihr Verbrecherschweinchen?

Das Ergebnis ist eine Art Schizophrenie: Im Namen des deutschen Volkes sind unvorstellbare Verbrechen begangen worden, aber von uns, das heißt von denen, die wir kennen, war keiner beteiligt. – Ich bin kein Psychologe, möchte mich also zur Psychologie der Deutschen nicht weiter äußern. Aber ein bißchen verrückt sind sie schon!

Titelbild von Reinhard Uhle-Wettlers *Vasallen*. Deutschland ist nicht souverän, sondern verzeichnet als Vasall der USA einen beträchtlichen nationalpolitischen Substanzverlust.

5.

Die verunsicherte Nation

»Das vereinte Deutschland hat demgemäß volle Souveränität über seine inneren und äußeren Angelegenheiten.«

Zwei-plus-Vier-Vertrag von 1990, Artikel 7 (2)

»Wir in Deutschland sind seit dem 8. Mai 1945 zu keinem Zeitpunkt mehr voll souverän gewesen.«

WOLFGANG SCHÄUBLE, 2011

Vielen Historikern gelten die Deutschen als »verspätete Nation«. Ähnlich wie die Italiener sind sie angeblich erst im 19. Jahrhundert zur Nation geworden. Da fragt man sich, wie es schon seit 911 n. Chr., als Konrad I. gewählt wurde, deutsche Könige geben konnte, die von allen Stämmen anerkannt wurden, von Franken, Schwaben, Baiern, Thüringern und Sachsen. Zugegeben, Konrad I. gelang es noch nicht, eine vollständige Einheit des Reiches herzustellen, aber schon seine unmittelbaren Nachfolger, Heinrich I. (919–936) und Otto der Große (936–973), regierten das Reich mit starker Hand und vermittelten den Deutschen das Bewußtsein, wenigstens als Reichsbürger eine Nation zu sein, auch wenn das Stammesbewußtsein weiterhin lebendig blieb. Die Frage: Bin ich Sachse oder Deutscher? war unsinnig, denn eben weil einer Sachse war (oder Franke usw.), war er Deutscher.

Das ganze hohe Mittelalter hindurch waren die Deutschen die führende Nation Europas, was nicht zuletzt dadurch zum Ausdruck kam, daß die deutschen Könige zugleich römische Kaiser waren und im Rang neben dem Papst, jedoch über allen anderen Königen standen. Sie regierten nicht nur Deutschland, sondern seit Otto dem Großen auch Italien und seit Konrad II. (1024–1039) zusätzlich Burgund. Das Reich reichte von der Nordsee bis zum Mittelmeer und von Maas und Rhone im Westen bis zu Elbe und Oder im Osten, und die Deutschen bezogen aus dieser Großmachtstellung auch ein entsprechendes Selbstbewußtsein, wie es am schönsten im Preislied Walthers von der Vogelweide zum Ausdruck kommt (»Ir sult sprechen willekomen. . .«).

Aber diese Herrlichkeit währte nicht mehr lange, und die hochgemute Stimmung trübte sich mit dem Ende der Staufer (1254) erheblich ein. Das Interregnum von 1254 bis 1273 offenbarte die strukturelle Schwäche des Reiches: Ohne einen starken Herrscher war es schwach. Daß es überhaupt das Mittelalter überstand, verdankte es vor allem einigen bedeutenden Königen: Rudolf von Habsburg, der den aufrührerischen Ottokar von Böhmen besiegte, Karl IV., der dem Reich mit der Goldenen Bulle von Prag ein erstes Grundgesetz gab und mit seiner Residenz Prag erstmals eine deutsche Hauptstadt schuf; schließlich Maximilian I., der eine ansehnliche Reichsreform durchführte.

Was das Selbstbewußtsein der Deutschen, das so sehr vom Ansehen ihrer Könige abhing, seit langem irritierte, war die hemmungslose Machtpolitik der Päpste seit Gregor VII. (1073–1085) und die Demütigung eines deutschen Königs vor der Burg Canossa. Von da an war das Ottonische Reichskirchensystem in Frage gestellt, und die intrigante Politik der Päpste in Verbindung mit der selbstgefälligen Politik des deutschen Adels führten zu einer fortwährenden Schwächung des Deutschen Reiches.

Seit der Zeit der Staufer zieht ein tiefer Riß durch die gesamte deutsche Geschichte: Erst war es der Gegensatz zwischen Staufern und Welfen mit der Bildung zweier Parteien, der Ghibellini und der Guelfi, von denen die eine dem Kaiser, die andere dem Papst gehorchte. Dann kam durch Luther und seine Unterstützung durch eine Fürstenopposition der konfessionelle Gegensatz hinzu. Schließlich bildete sich in der frühen Neuzeit der deutsche Dualismus zwischen Österreich und Preußen heraus. Und so blieb die Nation zu allen Zeiten gespalten, ja zerrissen.

Man könnte geradezu von einer Schizophrenie der Deutschen sprechen, die immer mehr zu gespaltenen Persönlichkeiten wurden. Als Deutsche waren sie Gegner der päpstlichen Politik, als Katholiken zugleich den Päpsten hörig. Als Protestanten lehnten sie den Katholizismus ab, blieben aber doch zugleich Untertanen der katholischen Kaiser. Als Preußen kämpften sie gegen Österreich, wohl wissend, daß die Österreicher ebenso Deutsche waren wie sie selbst.

Nun wäre es jedoch völlig falsch, die positiven Auswirkungen dieses politischen Dramas außer acht zu lassen. Die nach außen hin chaotisch wirkenden Zustände wirkten sich im Inneren ungemein belebend aus. Da gab es nicht nur ein Zentrum wie Paris, sondern viele kleinere und größere Zentren, geistliche und weltliche Höfe, freie Reichsstädte und Städtebünde wie die Hanse, es gab sogar freie Bauernschaften: in Stedingen, im Allgäu und nicht zuletzt in der Schweiz, wo sich aus dem Zusammenschluß solcher Bauernschaften und Städte die Eidgenossenschaft entwickelte, die bis heute als letztes lebendiges Zeugnis dessen gelten kann, was das Heilige Römische Reich einmal gewesen ist. Nebenbei bemerkt: Die Schweizer Flagge mit dem weißen Kreuz auf rotem Grund ist die alte Reichsflagge.

Die Vielgestaltigkeit der Reichsterritorien brachte auch einen entsprechenden Reichtum der Kultur hervor. Jeder Fürst, der auf sich hielt, zog Künstler und Dichter an seinen Hof, ließ Schlösser bauen und Gärten anlegen; jede Stadt strebte danach, ein prächtiges Rathaus und eine möglichst gewaltige Kirche zu bauen: den Kölner Dom, das Ulmer Münster, das Straßburger Münster, den Wiener Stephansdom, die Marienkirchen zu Lübeck und Danzig usw. In diesem Zusammenhang nicht zu vergessen sind auch die Städte Reichsitaliens, allen voran Mailand, daneben Verona, Mantua, Bologna, Florenz, Siena u. a., wo sich die Stadtkultur zu höchster Blüte entfaltete.

Das alles war möglich, weil das Reich seinen Bürgern viel Freiheit ließ, viel Raum zur Entfaltung. Die andauernde Konkurrenz zwischen Kaiser und Papst, zwischen König und Fürsten, zwischen Adel und Städten, später zwischen Katholiken und Protestanten verhinderte allezeit eine staatliche Übermacht und ließ den Menschen einen Spielraum. »Es kennzeichnete das Reich ja gerade, daß es dort keine einheitliche, allen anderen übergeordnete höchste Gewalt gab noch je gegeben hatte, sondern vielmehr ein hierarchisch geordnetes, kompliziert verschachteltes Ineinander verschiedener Herrschaftsrechte in verschiedenen Händen. An dem Begriff der ›Souveränität‹ gemessen, mußte das Reich daher wie ein *monstrum,* eine Mißgeburt erscheinen, wie Samuel Pufendorf 1667 schrieb. Erst im Laufe des 18. Jahrhunderts kam man allmählich davon ab, die Frage nach der Souveränität im Reich eindeutig beantworten zu wollen. Der Reichsrechtler Johann Jakob Moser setzte die detailgenaue empirische Beschreibung aller Rechtsbestände an die Stelle abstrakter Staatsformenlehren und prägte die salomonische Formulierung: ›Teutschland wird auf Teutsch regiert‹.«[38]

Es gab offenbar keine Theorie, welche die einmalige mittelalterlich-neuzeitliche Komplexität dieses Gebildes hätte erfassen können. Bis zum Ende 1806 gab es nicht nur neben den Fürsten eine freie Reichsritterschaft, sondern neben den freien Städten sogar ›Reichsdörfer‹, also Bauern, die keinen anderen Herrn über sich hatten als den König! – Soviel Freiheit hat es in keinem anderen Land Europas gegeben.

Auch die Geistesfreiheit profitierte von diesem Klima, nicht zuletzt deshalb, weil die Deutschen die einzige große Nation waren, die eine konfessionelle Spaltung aushalten mußte. Italiener, Spanier, Franzosen und Polen waren ja katholisch, England anglikanisch, die Skandinavier lutherisch, allein Deutschland war halb katholisch, halb protestantisch und deshalb gezwungen, einen Ausgleich zwischen den Konfessionen zu suchen. Dieser wurde auch schon 1555 auf dem Augsburger Reichstag gefunden. »Die wichtigste Regelung bestand in einem Frieden zwischen den beiden Konfessionsparteien, d. h. den katholischen Reichsständen und denen, die sich zur Augsburgischen Konfession von 1530 bekannten. Kein Reichsstand durfte den anderen oder dessen Untertanen wegen des Glaubens in irgendeiner Weise unterdrücken oder be-

[38] Barbara Stollberg-Rilinger, *Das Heilige Römische Reich Deutscher Nation. Vom Ende des Mittelalters bis 1806,* München [2]2006, S. 89.

kriegen.«[39] Darüber hinaus wurde ein allgemeiner Landfriede vereinbart, der lange Zeit eingehalten wurde.

In den einzelnen Territorien entwickelten sich nun zwei deutsche Kulturen, eine protestantische und eine katholische. Die eine zeichnete sich vor allem durch eine Pflege des Kirchenliedes (die Luther persönlich angeregt hatte) und überhaupt der Kirchenmusik aus, die ihren absoluten Höhepunkt in den Werken von Johann Sebastian Bach fand, die andere widmete sich mehr den bildenden Künsten: der Architektur, der Plastik und Malerei, und fand ihre Krönung in den überschwenglich schönen Barockkirchen: in Weingarten, St. Gallen, Ottobeuren, Vierzehnheiligen, Melk u. a. Aber beide Strömungen vereinigten sich doch wieder in der deutschen Klassik, die über die konfessionellen Gegensätze hinauswuchs und sich auf der Ebene einer kultivierten Menschlichkeit wiederfand.

Es ist beinahe unmöglich, bei einer vorurteilsfreien Betrachtung der deutschen Geschichte nicht ins Schwärmen zu geraten, und eigentlich unverständlich, warum die Deutschen selbst so wenig stolz darauf sind. Anscheinend wissen sie nicht mehr viel davon. Wenn große Ausstellungen über das Mittelalter organisiert werden, in Paderborn über Karl den Großen, in Hildesheim über die Ottonen, in Speyer über die Salier, in Stuttgart über die Staufer, dann strömt dort zwar das Bildungsbürgertum zusammen, aber das allgemein trübe Geschichtsbild läßt sich dadurch nicht aufhellen. Wie ist das möglich?

Soweit ich sehe, hat Hellmut Diwald als einziger von den prominenten deutschen Historikern in seinem 1990 erschienenen Werk *Deutschland einig Vaterland* darauf eine offene Antwort gegeben, die hier ausführlicher zitiert werden soll: »Die Architekten der Umerziehung waren gründliche Leute. Seit 1943 galt die Reeducation bei den Westalliierten als eine beschlossene Sache. Das allgemeine Ziel wurde in einer Aktennotiz umrissen: ›Wir werden die gesamte Tradition auslöschen, auf der die deutsche Nation errich-

---

[39] Stollberg-Rilinger, ebenda, S. 60.

tet wurde.‹ Deshalb verkoppelten sie die Behauptung, daß die Deutschen beide Weltkriege vom Zaun gebrochen hätten, mit einer Verurteilung der ganzen deutschen Geschichte. Bahnbrechend wirkte dabei das Buch des Schriftstellers Louis Nizer *What to do with Germany?* – ›Was sollen wir mit Deutschland machen?‹. . .

Kein Buch in dieser Zeit heizte die Stimmung der Amerikaner gegen Deutschland besser an. Nizer zeigte seinen Lesern, daß es sich bei der deutschen Geschichte um ein einzigartiges Horror-Gemälde handelte. Man könnte über diese Karikatur im Dienst der Kriegspropaganda lächeln, wenn sie nicht so ernst genommen worden wäre. Um Dummheit konnte es sich bei dem Verfasser nicht handeln; er hatte einfach das richtige Gespür dafür, was den Haß der Amerikaner am besten schüren und gleichzeitig ihre eigene Unvergleichlichkeit bestätigen konnte.

Louis Nizer schildert unsere Geschichte als einen ununterbrochenen Mordanschlag auf die Kultur. . . Die Blutbahn unserer Geschichte führt in diesem US-Aufriß über Karl den Großen, der als echter Deutscher ›jedes Jahr einen Krieg führen mußte‹, zu Friedrich Barbarossa im zwölften Jahrhundert, ›der den Frieden erdolchte‹, zu dem Hohenstaufen Friedrich II., den schon Paul Winkler 1943 in seinem in New York erschienen Buch *The Thousend Years Conspiracy. Secret Germany behind the Mask* scharfsinnig, wenn auch ohne viel Mühe, als den ersten Nazi ausfindig gemacht hatte.«[40]

General Eisenhower ließ dieses grauenhafte Machwerk in 100 000 Exemplaren drucken und in der US-Army verteilen. So kamen die Amerikaner mit einem Zerrbild der Geschichte nach Deutschland und behandelten die Deutschen dementsprechend. Dennoch erscheint es zunächst als rätselhaft, wie die Deutschen selbst ein solches Propagandagemälde zu ihrem eigenen Geschichtsbild machen konnten. Sie hätten es doch besser wissen müssen! Aber sie sollten anscheinend alles vergessen, was sie über sich wußten, und glauben, was man ihnen erzählte.

---

[40] Hellmut Diwald, aaO. (Anm. 25), S. 154 f.

Und siehe da, die deutsche Unterwürfigkeit bestätigte sich aufs schönste, aber es wurde von seiten der Sieger auch kräftig nachgeholfen. »Die Sieger des Zweiten Weltkriegs begannen unmittelbar nach der militärischen Besetzung Deutschlands mit den praktischen Maßnahmen, das deutsche Volk von den verwerflichen Einflüssen zu reinigen, die es bis auf den Grund verdorben hatten. Durch diese Entschlackung unseres Denkens und Desinfektion unseres Inneren, durch diese ›Charakterwäsche‹, deren Motive und Details Caspar von Schrenck-Notzing gültig beschrieben hat, sollten auch wir wieder Hoffnung schöpfen können auf ›ein anständiges Leben und einen Platz in der Gemeinschaft der Völker‹, wie es in Jalta beschlossen worden war.«[41]

Auf der Potsdamer Konferenz wurden die Beschlüsse von Jalta dann konkretisiert: »Die Umgestaltung Deutschlands und seiner Bewohner betraf zum einen die materielle Vernichtung und Beseitigung jeglicher Industrie, die der Kriegsproduktion dienen konnte, zum anderen die charakterliche Umpolung der Deutschen. So hieß es im siebenten Punkt: ›Das Erziehungswesen in Deutschland muß so überwacht werden, daß die nazistischen und militaristischen Lehren völlig entfernt werden und eine erfolgreiche Entwicklung der demokratischen Ideen möglich gemacht wird.‹«[42]

Die Erziehungsgrundsätze und -ziele wurden also von den Alliierten vorgegeben; vor allem sollten die Deutschen von den Westmächten lernen, was Demokratie ist. Ihre eigenen demokratischen Traditionen, die bis ins Mittelalter zurückreichten, waren dabei eher hinderlich und mußten entsorgt werden. Es gab keine Bücherverbrennungen, aber mißliebige Literatur, vor allem die Schulbücher, wurde aus dem Verkehr gezogen und Neuerscheinungen streng zensiert. Selbstverständlich wurde auch das ganze Pressewesen unter Aufsicht gestellt, und eine Zeitung, die es gewagt hätte, dem verordneten Weltbild zu widersprechen, hätte nicht länger erscheinen können.

---

[41] Diwald, ebenda, S. 88.

[42] Ebenda, S. 89.

So lernten die allzeit gelehrigen Deutschen, den Siegern nach dem Mund zu reden, gleichgültig, ob diese die Demokratie oder den Sozialismus beschworen. Die Charakterwäsche wurde in West und Ost mit derselben Gründlichkeit durchgeführt, und alle, die ›Dreck am Stecken‹ hatten, lernten brav das Lügen. Am Ende war kaum einer schuld, aber alle zusammen waren doch ein Verbrechervolk. So schrumpfte schließlich die gesamte deutsche Geschichte (nach Nizers Vorgabe) zur Vorgeschichte des Dritten Reiches und war damit fast ebenso verwerflich wie dieses.

Was aber macht ein Volk, das keine Geschichte hat? Es muß sich gewissermaßen neu erfinden: im Westen als unpolitischer Wirtschaftsstandort, als willenloses Mitglied der Völkergemeinschaft, im Osten als erster deutscher Arbeiter- und Bauernstaat und Leuchtturm des Sozialismus, jedenfalls als ein Gebilde, das vor allem in der Gegenwart lebt und sich über seine Zukunft keine Gedanken macht, da es immer noch mit ›Vergangenheitsbewältigung‹ befaßt ist. Die Folgen dieses gelinden Wahnsinns lassen sich in jeder Krise aufs neue bestaunen: Die Deutschen haben keine eigenen Interessen und geben jedem Druck nach.

Das einzige Mal, wo so etwas wie nationale Selbstbehauptung stattfand, war die friedliche Revolution in der DDR 1989/90, die zur Wiedervereinigung führte. Aber wer geglaubt hatte, dies würde zu einer nationalen Renaissance führen, sah sich schnell enttäuscht. Helmut Kohl, der sich als ›Kanzler der Einheit‹ feiern ließ, setzte alles daran, die nationale Begeisterung nicht zu einem Dauerzustand werden zu lassen, und die freudetrunkenen DDR-Bürger landeten schnell auf dem harten Boden der Tatsachen und erkannten, daß ihnen von der Bonner Republik diktiert wurde, was sie zu denken hatten. Und die ›Treuhand‹ behandelte ihr Land kaum anders als eine Kolonie.

Vor allem beruhigte Helmut Kohl die skeptischen Franzosen und Engländer durch einen weitgehenden Verzicht auf Souveränitätsrechte, durch die Unterwerfung unter ›Europa‹, das heißt die Brüssler Behörden, und nicht zuletzt durch die Preisgabe der eigenen

Währung. So brachte er das einmalige Kunststück fertig, Deutschland (das, was davon übrigblieb) wiederzuvereinigen und zugleich seiner Souveränität zu berauben. – Schon wieder so eine Einmaligkeit, die offenbar zum Charaktermerkmal der deutschen Geschichte geworden ist!

Kohl und Merkel 2015 – keine Freunde mehr.

6.

Kohls Mädchen

»Die Ego-Politikerin Merkel macht den Unterschied. Keiner ihrer Kollegen und Vorgänger hat das Tableau seiner Themen so entschieden unter eine einzige Prämisse gestellt – den persönlichen Machtzuwachs – wie Angela Merkel. Keiner hat so zynisch die oppositionellen Lager ausgeräumt wie sie, keiner hat es zu einem Image gebracht, das die deutsche Kanzlerin begleitet: Alles ist möglich. Nichts ist ausgeschlossen. Die Ego-Karriere rangiert in jedem Fall vor dem Wohl des Landes und vor Europa.«

GERTRUD HÖHLER

Als Angela Merkel ins Rampenlicht der Politik trat, galt sie als ›Helmut Kohls Mädchen‹. Sie war freilich kein Mädchen mehr, sondern eine geschiedene Frau, die weiterhin den Namen ihres Mannes trug, kinderlos und von Beruf Physikerin. Seit Ende 1977 arbeitete sie als wissenschaftliche Mitarbeiterin an der Akademie der Wissenschaften in Berlin und wurde 1986 promoviert. 1989 stieß sie zum Demokratischen Aufbruch, der dann in der CDU aufging, wo sie alsbald Karriere machte, da Kohl ein Auge auf sie geworfen hatte. Mit dem scharfen Blick des erfolgreichen Parteistrategen erkannte er offenbar frühzeitig das Potential, das in dieser jungen und ehrgeizigen Person steckte.

Ihr Vater Horst Kasner war 1954 von Hamburg als Pastor in die DDR gegangen und hatte noch im selben Jahr seine Frau und seine neugeborene Tochter Angela nachgeholt. Zunächst Hilfsprediger in der kleinen Gemeinde Quitzow bei Perleberg, stieg er bald zum Seminarleiter in Templin in der Uckermark auf, wo Angela dann ihre Kindheit verbracht hat. Er galt als »der rote Pastor«, später als »die graue Eminenz der brandenburgischen Kirche« und reklamierte für sich, »der eigentliche Erfinder der Kirche im Sozialismus« gewesen zu sein.[43] Ein politischer Gegner des Systems der DDR war er bestimmt nicht.

Auch seine Tochter Angela war bestens ins System integriert. Seit 1962 (also mit acht Jahren) trug sie das blaue Halstuch der FDJ, in ihrer Abiturklasse war sie stellvertretende FDJ-Sekretärin.

---

[43] Ralf Georg Reuth u. Günther Lachmann, *Das erste Leben der Angela M.*, München–Zürich ^{2}2013, S. 45, 74 u. 35.

als Studentin ›Propagandistin‹ der FDJ-Grundorganisation (GO), und als Wissenschaftlerin gehörte sie ebenso der GO ihres Instituts an. Zunächst war sie für Kultur zuständig, dann »Sekretärin für Agitation und Propaganda«, was ihre damaligen Kollegen und Freunde Gunter Walther und Hans-Jörg Osten bestätigen, während sie selbst es heftig abstreitet.[44] Auch Günther Krause, später Verkehrsminister, ist der Auffassung, »sie sei zweifellos Sekretärin für Agitation und Propaganda gewesen. ›Sie hat dort nicht die idealistische Weltanschauung der CDU propagiert, sondern Marxismus-Leninismus. . . Agitation und Propaganda, das war die Truppe, die alles, was man in der DDR zu glauben hatte, in die Gehirne der Leute abzufüllen hatte mit allen ideologischen Tricks‹, sagt Krause«.[45]

Ist es möglich, daß Angela Merkel, die bis zur Wende 1989/90 vom Sozialismus Marke DDR fest überzeugt war, von heute auf morgen zur Demokratin werden konnte? Selbst alte Freunde wie Hans-Jörg Osten verstehen es einfach nicht. Als er sie 1994 als Ministerin in einer Talkshow sah und hörte, veröffentlichte er im *Neuen Deutschland* einen bitterbösen Brief: »Ich finde es erschreckend, in welchem Maße sich ein Mensch in wenigen Jahren verändern kann. Bis 1987 war ich an einem Berliner Akademie-Institut beschäftigt. An diesem Institut gab es eine rührige FDJ-Leitung mit einer Sekretärin für Agitation und Propaganda, jener heutigen Frau Minister. Frau Merkel organisierte FDJ-Studienjahre, in denen eifrig darüber diskutiert wurde, wie dieser DDR-Sozialismus noch besser und vollkommener zu machen sei. Insbesondere erinnere ich mich an ihre Begeisterung für die durch Gorbatschow eingeleiteten Reformen in der Sowjetunion. Mein letzter Kontakt mit Frau Merkel war im Dezember 1989. Auch da war noch immer nichts von einer Kämpferin gegen den Unrechtsstaat zu spüren. . . Wenn Macht und Geld einen Menschen derart korrumpiert und zu der-

---

[44] Reuth u. Lachmann, ebenda, S. 113.

[45] Ebenda, S. 116.

art erschreckenden Auswüchsen an Verdrängung führt, sollte jeder glücklich sein, der der Macht fernbleiben kann. Eigentlich ist es schade um eine ehemals hoffnungsvolle junge Physikerin.«[46]

Was Professor Osten offenbar nicht versteht, ist die Tatsache, daß Frau Merkel nicht die mindeste Absicht hatte, der Macht fernzubleiben. Ganz im Gegenteil. Wer sie heute beobachtet, wie sie da zwischen den Präsidenten der USA, Frankreichs, Rußlands und anderen Großen steht und mit den gespreizten Fingern vor ihrem Bauch die sogenannte ›Merkel-Raute‹ formt, erkennt leicht: Sie ist genau dort angekommen, wohin sie wollte. Und was bedeutet diese seltsame Geste, die inzwischen zu ihrem Markenzeichen geworden ist? Vielleicht besagt sie schlicht und einfach: Ich bin der Nabel der Welt.

Es erforderte freilich einige Arbeit, bis sie diese Position erlangt hatte. Als Kohl durch die Parteispenden-Affäre in Schwierigkeiten kam, sprang ihm Merkel nicht etwa bei, sondern setzte sich so rechtzeitig von ihm ab, daß sie nicht in den Strudel mit hineingerissen wurde. Mit elegantem Schwung mogelte sie sich an den alten Parteigrößen vorbei an die Spitze und machte sich ans Aufräumen. Biedenkopf fand eine lohnende Aufgabe in Sachsen, Bernhard Vogel in Thüringen, Lothar Späth bei Zeiß in Jena. Altersgenossen, die ihr hätten gefährlich werden können, wurden anderweitig entsorgt: Christian Wulff wurde zum Bundespräsidenten befördert, wo er kurze Zeit später über die Annahme geradezu lächerlicher Geschenke reicher Freunde stolperte, die von einer sensationsgierigen Presse zur Staatsaffäre hochgejubelt wurde. Blieb schließlich nur noch Friedrich Merz, ein klardenkender Mann mit Ideen, die Beachtung verdient hätten. Aber auch der biß sich anscheinend an der neuen ›eisernen Lady‹ die Zähne aus und zog sich aus der Politik in die Wirtschaft zurück. Madame Merkel umgab sich dafür mit einer Entourage braver Vasallen und entschwebte immer mehr in die höheren Sphären der Unantastbarkeit.

---

[46] *Neues Deutschland* vom 22. September 1994 (zit. bei Reuth u. Lachmann, ebenda, S. 118 f.)

Seltsamerweise fragt kaum noch jemand nach ihrer Vergangenheit in der DDR. Meist gibt es nur Andeutungen der Art, wie sie die Fraktionsvorsitzende der Linken, Sahra Wagenknecht, in einem Interview gemacht hat: »Wenn Sie meine Biographie kennen, wissen Sie, daß ich in der DDR deutlich mehr Ärger hatte als Angela Merkel. Ich brauche kein Manuskript, um mich von DDR-Repression zu distanzieren. Ich habe sie erfahren.«[47] Angela Merkel erheblich weniger.

Nachdem sie 2005 zur Kanzlerin gewählt worden war, äußerte eine alte Bekannte von ihr: »Angela Merkel ist völlig ideologiefrei. Aber sie ist leider auch völlig ideenfrei.« Was wollte sie also in der Politik, wenn sie keine Ideen hatte? Sie wollte Karriere machen, und dazu brauchte sie keinen ausgeklügelten Plan. Sie brauchte nur die Fähigkeit, jede Chance, die sich ihr bot, eiskalt auszunutzen. Daß sie dabei über politische Leichen ging, schien ihr nichts auszumachen. Helmut Kohl, Lothar de Maizière, Horst Köhler, Christian Wulff – alle in der Versenkung verschwunden.

Wie mit Menschen verfuhr sie auch mit Themen. Die rot-grüne Regierung hatte mit den Energieversorgern einen Atomkompromiß geschlossen. Den warf Frau Merkel alsbald über den Haufen und ließ eine Verlängerung der Laufzeiten beschließen. Aber da kam die Katastrophe von Fukuschima, und von heute auf morgen mußten die Kraftwerke abgeschaltet werden – vor dem nächsten Tsunami auf dem Neckar! Hübscher Nebeneffekt: Sie schlug den Grünen ihre schärfste Waffe aus der Hand und machte sie damit wehrlos.

Mit ähnlicher Nonchalance nahm sie der SPD ihre Themen weg: Sie war auf einmal für den Mindestlohn, sie höhlte die Rente mit 67 aus, wie es die Genossen wollten, überhaupt machte sie so sehr sozialdemokratische Politik, daß böse Zungen lästerten, sie sei die

---

[47] Interview mit Sahra Wagenknecht und Dietmar Bartsch: »Ich hatte in der DDR deutlich mehr Ärger als Angela Merkel«, in: *FAZ* Nr. 239 vom 15. Oktober 2015.

beste Kanzlerin, welche die SPD seit langem gestellt hätte. Auch in der Außenpolitik vollzog sie atemberaubende Volten: erst gut Freund mit Putin, dann strenge Gegnerin; erst entschiedene Gegnerin der Transferunion, dann nach einem Spaziergang mit Präsident Sarkozy plötzlich keine Probleme damit, andere Staaten mitzufinanzieren. Sie hob einfach ihre Nase in den Wind, prüfte, woher er wehte, und segelte in der für sie günstigsten Richtung davon.

Schließlich schlug ihre ganz große Stunde Anfang September 2015, wohl am 3., als sie plötzlich ihre große Liebe zum syrischen Volk entdeckte und großmütig ankündigte, alle, alle, wie viele es auch seien, könnten in Deutschland Zuflucht finden. Vielleicht hatte sie den genauen Wortlaut ihres Amtseids vergessen und meinte, es hieße: »Ich schwöre, daß ich meine Kraft dem Wohle des syrischen Volkes widmen, seinen Nutzen mehren und Schaden von ihm wenden werde« (frei nach Art. 56 GG). Selbst als vom 5. September an täglich rund 10 000 Flüchtlinge ins Land strömten und niemand recht wußte, wohin mit ihnen, tönte sie unverdrossen: »Wir schaffen das!« Yes, we can. Was für eine Phrase!

Als sie bei einem Bürgergespräch in Bern auf die drohende Islamisierung Europas angesprochen wurde, antwortete sie: »Ich muß Ihnen ganz ehrlich sagen: Wir haben doch alle Chancen und Freiheiten, uns zu unserer Religion, sofern wir sie ausüben und an sie glauben, zu bekennen. Und wenn ich etwas vermisse, dann haben wir doch auch den Mut zu sagen, daß wir Christen sind, aber auch bitte schön die Tradition, mal wieder in den Gottesdienst zu gehen oder ein bißchen bibelfest zu sein oder vielleicht auch mal ein Bild in einer Kirche noch ein bißchen erklären zu können. Wenn Sie mal Aufsätze in Deutschland schreiben lassen, was Pfingsten bedeutet, da würde ich mal sagen, es ist mit der Kenntnis über das christliche Abendland nicht weit her. Und sich dann anschließend zu beklagen, daß sich Muslime im *Koran* besser auskennen, das finde ich irgendwie komisch. Und vielleicht kann uns diese Debatte auch mal wieder dazu führen, daß wir uns mit unseren eigenen Wurzeln befassen und wir mehr Kenntnis darüber haben.«[48]

Damit ist über die Islamisierung gar nichts gesagt, aber Frau Merkel hatte natürlich recht, wenn sie in dem ihr eigenen ›Wuschel-Ton‹ anmerkte, daß es mit dem Christentum in Europa nicht mehr weit her ist. Hier spricht wohl die Pfarrerstochter, wobei sie vergißt, daß ein Staat keine Kirchengemeinde ist, der man fromme Predigten halten darf. »Ohne jeden eschatologischen Vorbehalt (Erik Peterson) gibt der Berliner Heilige Stuhl (vulgo Kanzleramt) die Devise aus: Christenpflicht bricht europäisches Recht. Damit, mit der Ersetzung von Recht und politischer Gestaltungsfähigkeit durch Nächstenliebe, macht sich Angela Merkel persönlich zu einem Moment ihrer Gesellschaftsanalyse, nach der die Selbstabschaffung des Christentums droht. Dezent und mit der gebotenen Lakonie hat das neulich der Schriftsteller Martin Mosebach formuliert. Auf die Frage des Deutschlandfunks, ob Angela Merkel nicht in gewisser Weise die Jeanne d'Arc urchristlicher Werte sei, antwortete Mosebach: ›Das geht doch eben gerade nicht. Urchristliche Werte sind immer höchst persönlich. Der Staat ist nicht zur Nächstenliebe angehalten, weil er gar keinen Nächsten hat. Er ist keine Person. Ich meine, das konnte Ludwig XIV. von sich sagen, der Staat bin ich, aber Angela Merkel ist nicht der Staat.‹«[49] Leider muß man befürchten, daß sie selbst das anders sieht.

Jedenfalls fragt man sich anderswo in Europa, was denn mit Merkel und den Deutschen los sei. Bei einer Tagung des ›Club of Three‹ in London am 11. Oktober 2015 schüttelten Engländer und Franzosen die Köpfe über die deutschen Teilnehmer. »Die Deutschen, die die Linie von Bundeskanzlerin Angela Merkel in der Flüchtlingspolitik verteidigten, wurden verspottet. Auf besonderes Staunen bei Briten wie Franzosen traf das neue Berliner Ver-

---

[48] Christian Geyer, »Sie ist nicht der Staat – oder doch?« in: *FAZ* Nr. 239 vom 15. Okober 2015.

[49] Ebenda.

ständnis von staatlicher Souveränität. ›Es gibt keine Grenzen mehr‹, hieß es kurz und bündig von deutscher Seite. Wenn dies wirklich ernst gemeint sei, sagte ein Teilnehmer aus Frankreich, ›dann gehe ich jetzt zurück nach Paris, sage, daß die deutsche Regierung eine Meise hat, und fordere die Wiedererrichtung der Grenze zwischen unseren beiden Ländern‹. Die Verwirrung über den Berliner Kurs nahm noch zu, als von deutscher Seite erklärt wurde: ›Schengen ist Vergangenheit.‹ «[50] Nicht nur Merkel, sondern auch ihre Anhänger bewegen sich offenbar auf esoterischen Pfaden, weit weg von der Wirklichkeit.

Merkwürdig an dieser Weltsicht ist allerdings, daß Angela Merkel kein Kind der Bundesrepublik, sondern der DDR ist. Wie ist es möglich, daß sie die amerikanische Vorstellung von den Deutschen so verinnerlicht hat, daß sie nun fest entschlossen ist, dem Bild der Verbrechernation ein strahlendes Bild des guten Deutschen entgegenzusetzen, der eine ›Willkommenskultur‹ pflegt, bis die Nation daran zugrunde geht? Man denke doch nur einmal darüber nach: Allein im September 2015 sind über die Balkanroute 225000 Flüchtlinge in Bayern angekommen. Wie sollen die alle versorgt und untergebracht werden, von Integration ganz zu schweigen?

Die Juden behaupten, kein Volk habe einen größeren Selbsthaß als sie. Da haben sie die Rechnung ohne die Deutschen gemacht! Die Deutschen hassen sich selbst wegen ›ihrer Vergangenheit‹ und möchten mit dieser am liebsten gleich sich selbst entsorgen. Dafür gibt es verschiedene Methoden, vor allem die Geburtenverweigerung der deutschen Frauen, daneben den gezielten Bevölkerungsaustausch: Erst wurden Gastarbeiter aus Italien, Spanien und vor allem der Türkei angeworben und den Deutschen vorgemacht, jene würden nach einigen Jahren in ihre Heimatländer zurückkehren. Noch in den achtziger Jahren verkündete Kohl im Brustton der

[50] Jochen Buchsteiner, »Spott über Berlin«, in: *FAZ* Nr. 236 vom 12. Oktober 2015.

Überzeugung: »Deutschland ist kein Einwanderungsland.« Was für ein grausamer Witz!

Nachdem nun der Zustrom von Südeuropäern und Türken offenbar nicht ausreichte, die Deutschen aus ihrem Land zu verdrängen, nahm Frau Merkel den Syrienkrieg als günstige Gelegenheit wahr, Deutschland mit Orientalen zu überschwemmen, um die deutsche Frage ein- für allemal zu lösen. Nizers Forderung »Germany must perish!« kommt damit ihrer Erfüllung einen riesigen Schritt näher, aber die Deutschen scheinen es nicht besonders tragisch zu nehmen. Als Anfang September 2015 die ersten Flüchtlingszüge auf dem Münchner Hauptbahnhof eintrafen, wurden sie von naiven Deutschen beklatscht. Wieder einmal ein deutscher Sonderweg: eine Nation, die ihren eigenen Untergang bejubelt.

Trotz allem bleibt es rätselhaft, wie ausgerechnet eine Frau aus der DDR zur Testamentsvollstreckerin von Kaufman, Nizer, Morgenthau u. Co. werden konnte. Aber die Geschichte geht bisweilen irre Wege und folgt einer Logik, die der Normalsterbliche nicht versteht. Vielleicht steckt ja hinter Merkels Politik etwas ganz anderes. Man sagt, Hitler sei die Rache Österreichs an Preußen für die Niederlage bei Königgrätz gewesen. Ähnlich könnte man auch sagen, Merkel sei die Rache der DDR an der Bundesrepublik für ihren Untergang 1990. Frau Merkel wird es freilich nicht so sehen, aber wer kennt schon ihre Motive?

»Haben wir Verantwortung für historisches Unrecht?« fragte das Funkkolleg Philosophie 2014/15.

7.

Europas Überlebenskampf

»Im wesentlichen läßt sich Buße wie folgt zusammenfassen: Leute entschuldigen sich für Vergehen, die sie nicht verübt haben, um anderen zu gefallen, die sie nicht erlitten haben. Diejenigen, die Buße tun, haben kein Unrecht begangen, während diejenigen, die die Bitte um Vergebung erhalten, keines erlitten haben. Dies alles ist also völlig lächerlich. Reue und Buße haben in der Politik überhaupt nichts zu suchen!«

ALAIN DE BENOIST

Europa ist neben Australien der kleinste der Kontinente, und strenggenommen ist es nur ein Subkontinent wie Indien: ein Anhängsel der eurasischen Landmasse. Da verwundert es kaum, daß es schon immer um seine Unabhängigkeit kämpfen mußte, zumal es nicht wie Indien durch ein gewaltiges Hochgebirge geschützt ist.

Die ersten echten Europäer waren die Neandertaler. Sie sind unzweifelhaft hier entstanden und haben sich erst später nach Vorderasien ausgebreitet. Aber, wie man weiß, sind sie dem Ansturm des Homo sapiens, der vor etwa 40- bis 35000 Jahren aus Afrika kam, nicht gewachsen gewesen und letztlich ausgestorben. Die zweiten Europäer (abgesehen von kleinen Restvölkern wie den Basken) waren die Indogermanen, die entgegen landläufiger Meinung höchstwahrscheinlich in Mitteleuropa entstanden sind und sich von da bis Nordindien ausgebreitet haben. Man darf wohl behaupten, daß Europa der einzige indogermanische Kontinent ist, denn alle maßgeblichen Völker gehören zu dieser Sprachgruppe: Griechen, Italiker, Romanen, Kelten, Germanen und Slawen.

Kennzeichen der indogermanischen Kultur war von Anbeginn eine recht freiheitliche Gesellschaft, die kaum je einen Despotismus aufkommen ließ, wie er im Orient und in Asien üblich war. Demokratische Verhältnisse im heutigen Sinn waren freilich auch hier die Ausnahme, denn es entwickelte sich früh eine Aristokratie und seit dem frühen Mittelalter auch ein Königtum, aber eine absolute Herrschaft wie die Ludwigs XIV. in Frankreich blieb eine Ausnahme. In Deutschland gab es den aufgeklärten Absolutismus Friedrichs II. von Preußen, der die schöne Idee vertrat, der König sei der erste Diener seines Staates.

Die Demokratie ist nicht zufällig von indogermanischen Völkern entwickelt worden, weil bei ihnen schon immer auf den einzelnen Menschen mehr Rücksicht genommen wurde als anderswo, wo vor allem das Kollektiv zählte. Demokratische Formen gab es nicht nur in der attischen und römischen Republik, sondern vor allem bei den Germanen: auf Island, wo alle Entscheidungen von einem Thing getroffen wurden, oder in der Schweiz, wo in den kleinen Kantonen bis in jüngste Zeit die Landsgemeinde zusammenkam, um zu entscheiden. Auch in England und im Heiligen Römischen Reich Deutscher Nation entwickelten sich schon im hohen Mittelalter Formen demokratischer Mitbestimmung: Parlamente bzw. Reichs- und Landstände.

Überhöht wurde dieses System durch die christliche Idee, daß jeder einzelne Mensch ein einmaliger Gedanke Gottes und von ihm mit einer unsterblichen Seele ausgestattet sei. Da alle Kinder Gottes seien, würden sie auch prinzipiell dieselbe Würde besitzen. Diese Idee der Menschenwürde ist also christlichen Ursprungs, auch wenn sie später vom Humanismus und der Aufklärung säkularisiert wurde.

Alles in allem hat die einmalige Synthese von indogermanischem Volkstum, antiker Kultur und christlicher Religion jenes Abendland geschaffen, das seine kulturelle Hochblüte im Mittelalter entfaltet hat und später durch seinen Erfindergeist, seine Wissenschaften und seine Technik zur Weltmacht geworden ist. Es hätte jedoch diese Stellung nie erreichen können, wenn es sich nicht zuvor gegen die zahlreichen Angriffe aus Asien und Afrika behauptet hätte.

Wer sich ein wenig in der Geschichte auskennt, wird wissen, worauf hier angespielt wird. Schon im 5. Jahrhundert v. Chr. mußten sich die Griechen gegen die Perser verteidigen, im 3. Jahrhundert v. Chr. die Römer gegen die Karthager. Der Hunneneinfall von 375 n. Chr. löste bekanntlich die germanische Völkerwanderung aus und führte zum Untergang des Weströmischen Reiches. Erst 451 in der Schlacht auf den Katalaunischen Feldern gelang es Römern und Westgoten, die Hunnen zu bezwingen. Im 8. Jahrhundert eroberten die Sarazenen Spanien und bedrohten das Frankenreich. Wäre es Karl Martell in der Schlacht von Tours und Poitiers 732 nicht gelungen, sie zu besiegen, hätte Frankreich dasselbe Schicksal gedroht wie Spanien.

Im 10. Jahrhundert drangen die Ungarn aus Asien vor, setzten sich in der Theißebene fest und fielen fast regelmäßig in Deutschland ein, bis sie endlich 955 auf dem Lechfeld gestellt und geschlagen werden konnten. Im 13. Jahrhundert gab es einen Mongoleneinfall; Herzog Heinrich von Schlesien stellte sich ihnen auf der Walstatt bei Liegnitz 1241 entgegen und ging mit seinem ganzen Heer zugrunde. Schließlich war Europa jahrhundertelang durch das Osmanische Reich bedroht: 1389 wird in der Schlacht auf dem Amselfeld das serbische Heer vernichtend geschlagen; 1453 fällt Konstantinopel; zweimal, nämlich 1529 und 1683, stehen die Türken vor Wien. Erst durch den Großen Türkenkrieg 1683–1699 können sie endlich aus Europa verdrängt werden.

Ist es nicht eine Ironie der Geschichte, daß die Deutschen in den fünfziger und sechziger Jahren des 20. Jahrhunderts ausgerechnet die Türken in ihr Land holten, gegen die sie Jahrhunderte hindurch gekämpft hatten? Gab es tatsächlich schon in der Adenauer-Ära kein historisches Bewußtsein mehr? Hellmut Diwald hat zumindest andeutungsweise eine Antwort auf diese Frage gegeben: »Die deutsche Geschichte, so wurde von den vielen Volkspädagogen entdeckt, erwies sich als ein kompletter Abweg, als ein unsäglicher Marsch von Verbrechern in den größten Verbrecherstaat der Menschheitsgeschichte, ins Dritte Reich. Einer unserer Politikwissenschaftler stellte fest, daß schon Konrad Adenauer ›die Erfahrungen der fehlgeleiteten deutschen Geschichte Orientierungspunkte seiner Politik‹ geliefert hätten.«[51]

Es ist zudem bekannt, daß Adenauer nach den Erfahrungen der Weimarer Republik und des Aufstiegs Hitlers ein tiefes Mißtrauen gegen das deutsche Volk hegte und einen Rückfall in Weimarer

---

[51] Hellmut Diwald, aaO. (Anm. 25), S. 156 f.

Verhältnisse fürchtete. Das war der Hauptgrund, weshalb er 1952 auf die Stalin-Note, die eine Wiedervereinigung in Aussicht stellte, nicht einmal antwortete. Er fürchtete, die Deutschen könnten sich diesmal dem Kommunismus zuwenden.

Dieses grundsätzliche Mißtrauen der deutschen Nachkriegspolitiker gegen das eigene Volk ist der eigentliche Grund, weshalb ihnen an dessen Zukunft so wenig gelegen war und sie ihrem Amtseid, »Schaden von ihm (zu) wenden«, niemals treu geblieben sind. Die Perspektive, daß die Deutschen in ihrem eigenen Land einmal zur Minderheit werden könnten, schien sie nicht zu erschrecken. Und Angela Merkel agiert ganz auf dieser Linie.

Dazu kommt ein weiteres Element: der bestimmende Einfluß der Wirtschaft auf die deutsche Politik. Es wäre für die Unternehmen nicht allzu schwer gewesen, den Produktionsengpaß Mitte der fünfziger Jahre dadurch zu beheben, daß sie die nächste Generation von Maschinen in ihre Fabrikhallen gestellt hätten. Es hätte freilich Investitionen erfordert. Da schien es günstiger, billige Arbeitskräfte aus Anatolien zu importieren und die Herstellungskosten niedrig zu halten. So konnten die Gewinne privatisiert und die Kosten sozialisiert werden. Zu allem Unglück spielten auch noch die Gewerkschaften das üble Spiel mit, weil sie sich von den Gastarbeitern neue Mitglieder versprachen.

So entwickelte sich im Nachkriegsdeutschland ein System, welches das Land vor allem als Wirtschaftsstandort und die Menschen als Arbeitskräfte verstand. Nationale Belange spielten so gut wie keine Rolle mehr. Das deutsche Volk, jedes Selbstbewußtseins beraubt, wurde zum Objekt der hohen Politik degradiert, die sich ihren europäischen und internationalen Projekten widmete und deutsche Interessen systematisch hintanstellte. Daß aus dem Niedergang Deutschlands, des Herzlandes Europas, auch der Niedergang dieses Kontinents folgte und es immer mehr an den Rand der Weltpolitik gedrängt wurde, ging wohl über den Horizont einer gehirngewaschenen Politikerkaste.

Nun steht Deutschland im Zentrum einer neuen Völkerwanderung, und die alten Pläne der Kriegsgegner, vor allem der amerikanischen, kommen ihrer späten Verwirklichung näher. Der Vorschlag Theodore N. Kaufmans von 1941, »durch Zwangssterilisation der gesamten deutschen Bevölkerung beiderlei Geschlechts, das deutsche Volk auszurotten«,[52] kann nun auf elegante Art verwirklicht werden. Nachdem die Deutschen moralisch kastriert und ohnehin in jeder Beziehung zeugungsunfähig sind, genügt es, Hunderttausende junger Männer aus dem Orient über Deutschland herfallen zu lassen und abzuwarten, was sich daraus entwikkelt. Falls der Zustrom viele Jahre andauert, wird es bald überall so aussehen wie Ende 2015 in Ellwangen an der Jagst, wo nach Auskunft eines Einheimischen in den Straßen der kleinen Stadt auf zehn Deutsche hundert Orientalen kommen.

Es gibt bei den zahlreichen Krisen auf der Welt zweifellos viele arme Menschen, denen geholfen werden muß, aber müssen sie dafür alle nach Deutschland kommen? Allein für 2015 rechnet man mit etwa einer Million Flüchtlinge und für 2016 mit einer ähnlichen Größenordnung. Anscheinend leiden die Deutschen wohl wieder einmal an Größenwahn, wenn sie so tun, als könnten sie sämtliche Probleme der Welt vom Klimawandel über die Finanzkrise bis zur Flüchtlingskatastrophe allein bewältigen. Sie werden darunter zusammenbrechen – zur Freude all ihrer Feinde, welche die Frechheit besitzen, sich als Freunde auszugeben.

Trotz allem bleibt das Phänomen Merkel unbegreiflich. Wie kann eine deutsche Kanzlerin ihr Land sehenden Auges in so eine Katastrophe steuern? In vielen Gesprächen, die ich im September 2015 mit Deutschen geführt habe, ist immer wieder dieselbe Frage aufgeworfen worden: »Ist die Merkel so dumm, oder was steckt sonst dahinter?« Da nun so gut wie niemand meinte, Frau Merkel sei dumm, blieb nur die Frage: Wer oder was steckt dahinter? Ist sie nur die Marionette geheimer Zirkel, von denen die Verschwörungstheoretiker annehmen, daß sie die Welt regierten: Freimaurer, Bil-

---

[52] Franz-Willing, aaO. (Anm. 12), S. 33 f.

derberger-Konferenz, Council on Foreign Relations, Trilaterale Kommission, Skull and Bones usw. Wenn nicht, wer oder was treibt Frau Merkel an? Die Vermutung ist nicht von der Hand zu weisen, daß sie (wie fast alle deutschen Politiker) von der ungeheuren historischen Schuld des deutschen Volkes überzeugt ist und aus einer verqueren christlichen Ideologie heraus meint, diese Schuld müsse durch unendliches Wohltun gesühnt werden. (Eine bessere Erklärung wußte mir niemand zu geben.)

Bundeskanzlerin Merkel mit den Kardinälen Marx und Woelki beim St. Michael-Jahresempfang 2014.

8.

Islamisierung

»Ich habe nicht die Angst, daß Deutschland in zehn Jahren islamisch wird, das kann ich nicht erkennen.«

KARDINAL REINHARD MARX

Vorsitzender der Deutschen Bischofskonferenz

Als sich im September 2015 plötzlich die große Flüchtlingsflut über die (nicht mehr vorhandenen) deutschen Grenzen ergoß, kündigte S. M. König Salman Abd al Aziz Al Saud, der Hüter der heiligen Stätten Mekka und Medina, großmütig an, in Deutschland zweihundert neue Moscheen bauen zu lassen. Daß das reiche Saudi-Arabien vielleicht 200 000 Glaubensbrüder aufnehmen könne, kam seiner Majestät nicht in den Sinn. Der Zweck der wahhabitischen Religionspolitik ist schließlich nicht, möglichst viele Muslime in Arabien zu versammeln, sondern die eigene Religion in der Welt zu verbreiten.

Zu diesem Zweck wurde schon 1962 vom damaligen Kronprinzen und späteren König Faisal eine ›Islamische Weltliga‹ gegründet, welche die reichlich fließenden Petrodollars dazu verwenden sollte, Moscheen, Schulen und islamische Kulturzentren zu bauen sowie Jugendprojekte zu fördern. Im Jahr zuvor war die Islamische Universität von Medina gegründet worden, als Konkurrenzunternehmen zur altehrwürdigen Azhar-Universität von Kairo. »Seit ihrer Gründung 1961 haben etwa 45 000 religiöse Kader aus mehr als 160 Ländern an der Islamischen Universität studiert. Weitere Zehntausende Schüler und Studenten haben weitere saudische Bildungseinrichtungen im Ausland und in Saudi-Arabien besucht. So unterhält die 1974 gegründete Islamische Universität Imam Ibn Saud Zweigstellen in den Vereinigten Arabischen Emiraten, in Indonesien, Malaysia, Djibouti, Japan und den Vereinigten Staaten. Auch diese Universität hat den Auftrag, die ›wahre islamische Identität‹ zu vermitteln.«[53]

[53] Rainer Hermann, »Der Nährboden des Terrors«, in: *FAZ* Nr. 276 vom 27. November 2015.

Was bedeutet aber »wahre islamische Identität«? Es ist jene rückwärtsgewandte, fanatische Form des wahhabitischen Islams, der im 18. Jahrhundert entstanden ist und wohl immer eine unbedeutende Sekte geblieben wäre, wenn ihn nicht die saudischen Könige zu ihrer Religion gemacht und seit einem halben Jahrhundert mit Milliardensummen gefördert hätten. Allein König Fahd soll »den Bau von mindestens 1500 Moscheen finanziert haben, von 2000 Grundschulen, 200 höheren Schulen und 210 islamischen Kulturzentren. Eine Druckerei, die seinen Namen trug, druckte 138 Millionen Exemplare des *Korans* in mehr als 20 Sprachen«.[54]

So werden nun alle anderen Strömungen des Islams immer mehr zurückgedrängt, die Anhänger des Sufismus ebenso wie die Schiiten und Alawiten, und die religiöse Vielfalt und relative Toleranz, die den mittelalterlichen Islam ausgezeichnet haben, werden durch eine radikale Gleichmacherei beseitigt. »Das Mittelalter war auch in der arabischen Welt keine goldene Zeit... Aber in vielen Epochen und an vielen Orten war die islamische Gesellschaft sehr offen, und Juden, Christen und Muslime führten einen intensiven Dialog. Einen Dialog, dessen Teilnehmer fest davon überzeugt waren, der jeweils andere befinde sich im Irrtum und werde dafür ewig in der Hölle schmoren, und die dennoch Bücher, Begriffe und Ideen austauschten. Zensur gab es kaum.«[55]

Daraus könnte man nun schließen, nicht der Islam stelle eine Gefahr für Europa dar, sondern der Islamismus, aber das ist wohl etwas zu voreilig. In einer Predigt am 14. Mai 2015 hat ›der Kalif‹ Abu Bakr al Bagdadi klargestellt: »An keinem Tag war der Islam eine Religion des Friedens; er ist die Religion des Kriegs.«[56] Diese Behauptung läßt sich historisch überprüfen, auch wenn man die Phrase »an keinem Tag« als rhetorische Überspitzung wertet.

---

[54] Hermann, ebenda.

[55] Manuela Lenzen, »Vor der Offenbarung waren alle gleich«, in: *FAZ* Nr. 232 vom 7. Oktober 2015.

[56] Rainer Hermann, »Ein Kalifat des Krieges«, in: *FAZ* Nr. 152 vom 4. Juli 2015.

Mohammed selbst hat Jahr für Jahr Feldzüge geführt und in Medina eine wahre Terrorherrschaft errichtet. Als sich der Stamm der Banu Quraiza seiner Lehre nicht unterwerfen wollte, ließ er alle Männer dieses Stammes (600 bis 900 an der Zahl) von seinen Anhängern enthaupten und die Frauen und Kinder versklaven. Nicht zu Unrecht hat der Politologe Hamed Abdel-Samad auf etwas aufmerksam gemacht, wovor viele Europäer gern die Augen verschließen: »Warum redet man von Mißbrauch, wenn es tatsächlich 206 Passagen im *Koran* gibt, die Gewalt und Kriege verherrlichen? Es gibt im *Koran* 25 direkte Tötungsbefehle, die Allah an die Gläubigen ausspricht: ›Tötet sie‹, ›enthauptet sie‹ usw. Warum behauptet man, der IS würde den *Koran* falsch interpretieren? Die Gotteskrieger interpretieren gar nichts. Sie setzen nur das um, was im *Koran* unmißverständlich steht.«[57]

Die Europäer hatten also zu allen Zeiten gute Gründe, den Islam von ihrem Erdteil fernzuhalten. Wie konnte es geschehen, daß sie das vergaßen? Die Kolonialmächte England und Frankreich erlitten einen Gegenschlag gegen ihre Kolonialpolitik: Aus den Ländern, die sie unterworfen hatten, strömten mit dem Zusammenbruch ihrer Herrschaft Millionen von Menschen in die Mutterländer, und viele von ihnen (Algerier, Marokkaner, Pakistanis) waren nun einmal Muslime. Aber warum mußte Deutschland ganz ohne Not ebenfalls Muslime aufnehmen? Es mußte überhaupt nicht! Aber man, das heißt seine Regenten wollten es: Adenauer, Kohl, Merkel. Eigentlich hätte man eher von linken Internationalisten eine solche Politik erwartet, aber nicht von Politikern, deren Partei sich ›christlich‹ nennt. Wußten oder wissen die nicht, was sie tun?

Man steht also wieder vor der Frage: Ist es Unbedarftheit oder Absicht? Da läßt sich nun eine hübsche Verschwörungstheorie aufbauen: Trotz zweier Weltkriege war es den Westmächten nicht gelungen, den Emporkömmling Deutschland endgültig niederzu-

---

[57] Hamed Abdel-Samad, »Was wir unterscheiden sollten«, in: *Junge Freiheit* Nr. 44/15 vom 24. Oktober 2015.

werfen. Nach dem Ersten Weltkrieg entfaltete er eine ungeahnte militärische, nach dem Zweiten eine erstaunliche wirtschaftliche Kraft. Und der Grund lag womöglich darin, daß das deutsche Volk trotz aller Katastrophen in seiner Substanz erhalten geblieben war. Also mußte man doch auf die Ideen von Kaufman und Nizer zurückgreifen und den Volkscharakter verändern.

Den ersten Schritt in diese Richtung tat die Regierung Adenauer mit der Anwerbung anatolischer Türken, aber er führte nicht zum erwünschten Erfolg, da die Türken jahrzehntelang neben den Deutschen her lebten, ohne sich mit ihnen zu vermischen. Die biologische Umgestaltung gelang nicht. Wie konnte man einen neuen Zustrom von Orientalen nach Deutschland organisieren? – Erraten! Man mußte ›nur‹ den Orient ins Chaos stürzen und dem zu erwartenden Flüchtlingsstrom einen Kanal nach Mitteleuropa graben.

Die erste Aufgabe wurde von den Amerikanern mit der von ihnen gewohnten Gründlichkeit erledigt: Ein schier endloser Krieg in Afghanistan, zwei vernichtende Kriege im Irak, eine unentschlossene Haltung in der Syrienkrise genügten, den Orient in Anarchie versinken zu lassen. Jetzt brauchte man nur noch eine willfährige deutsche Regierung, welche die orientalischen Flüchtlinge zu sich einlud, und ein neues Experiment mit den Deutschen konnte gestartet werden.

Das alles ist, wie gesagt, Verschwörungstheorie und würde voraussetzen, daß die amerikanische Administration strategische Planungen für viele Jahrzehnte durchführen könnte, das heißt, daß sie sich von vornherein der Folgen ihrer Orientpolitik bewußt gewesen wäre. Das scheint aber nicht der Fall gewesen zu sein, wie man jetzt von Bush sen. erfährt: »Der frühere amerikanische Präsident George Bush hat sich gegenüber einem Biographen abfällig über die wichtigsten Politiker in der Regierung seines Sohnes George W. Bush geäußert und damit erstmals offen dessen Politik kritisiert. Verteidigungsminister Donald Rumsfeld sei ein ›arroganter Kerl‹ und ›Aufschneider‹, dem es an Demut und Menschenkenntnis mangle. Es haben ›dem Präsidenten‹ – also seinem Sohn

– geschadet, nach dem 11. September 2001 stets Rumsfelds ›eisenharter‹ (*iron-ass*) Sichtweise ausgesetzt zu sein. Denselben derben Begriff münzte der 91 Jahre alte Bush auf seinen einstigen Verteidigungsminister Dick Cheney, der mit George W. Bush als Vizepräsident ins Weiße Haus eingezogen war und erst dort ›ein echter Hardliner‹ geworden sei. Cheney habe sich den Leuten gebeugt, ›die um alles kämpfen und mit Gewalt unseren Willen im Nahen Osten durchsetzen wollen‹.«[58]

Während Vater Bush noch klug genug war, den Irak nicht vollends zu zerstören und Saddam Hussein als geringeres Übel zu akzeptieren, glaubte sein Sohn dem »Eisenarsch« Rumsfeld und dem Hardliner Cheney, man könne den Nahen Osten mit Gewalt zur Raison bringen. Kenner dieser Herrschaften werden nun hellhörig werden und denken: Moment mal, Bush, Rumsfeld, Cheney, die sind doch alle vom selben Verein! Alle sind Mitglieder der obskuren Loge ›Skull & Bones‹. Freilich, aber daß ihre gnadenlose Sturheit, gepaart mit hemmungsloser Arroganz von dort stammt, wird man bezweifeln dürfen, auch wenn über das Innenleben dieser Loge nur Gerüchte im Umlauf sind.

Tatsache ist, daß sie bis heute nicht begreifen, wie sehr sie für die jetzige Weltlage mitverantwortlich sind. Also keine Spur von Strategie und von Einsicht. Und wie steht es damit bei Frau Merkel? Keine ihrer bisherigen Äußerungen läßt erkennen, daß sie auch nur ansatzweise die epochalen Auswirkungen ihrer einsamen Entschlüsse richtig einzuschätzen wüßte.

---

[58] *FAZ* vom 6. November 2015: »George Bush kritisert Cheney und Rumsfeld erstmals offen«.

»Die anderen sind wir.« Im Kampf gegen Rechts zeigt sich EU-Parlamentspräsident Martin Schulz besonders eifrig und lakaienhaft.

9.

Fatales Weltbild

»Nichts tut so gut wie das Gefühl, gegen Rechts zu kämpfen. Denn dann steht man garantiert auf der richtigen Seite. Doch hinter der eifrigen Lust, überall die braune Gefahr aufzuspüren, verbergen sich gefährliche Selbsttäuschungen.«

MARKUS GÜNTHER
FAZ, **18. 2. 2015**

In einem bemerkenswerten, hellsichtigen Zeitungskommentar konnte man im Oktober 2015 lesen: »Vieles von dem, was seit Beginn der Flüchtlingskrise in Deutschland gesagt und getan wird, läßt sich nur damit erklären, daß es gar nicht um die Flüchtlingsfrage, um die Asylpolitik, um die Einwanderung geht, sondern darum, sich gegen ›rechts‹ abzugrenzen. Und um die Angst, nicht genug gegen Rechtsradikalismus und Fremdenfeindlichkeit getan zu haben. Was dabei herauskommt, sind nicht Handlungsfähigkeit und pragmatische Lösungen, sondern Fatalismus, Trotzreaktionen und überschießende Moral. Die Dumpfbacken wollen keine Migranten? Dann wollen wir umso mehr! Sie wollen Abschottung? Dann wollen wir offene Grenzen! Das Asylrecht soll ein Problem sein? Dann wollen wir mehr Asyl: Say it loud, say it clear, refugees are welcome here!«[59]

Da hat einer die Geistesverwirrung klar erkannt: Es mag passieren, was will: Niemals geht es um die Sache, sondern um Ideologie, in diesem Fall um Rechtsradikalismus und indirekt (wie fast immer) um das Dritte Reich. Dabei übersieht die rabiate Linke, daß auch der Nationalsozialismus politisch eher links stand, wie schon der Name andeutet. Spätestens seit der umfassenden Studie von Rainer Zitelmann über *Hitler als Revolutionär* sollte eigentlich klargestellt sein, daß Hitler kein Rechtsradikaler war, sondern sowohl den italienischen Faschismus als auch das reaktionäre Franco-Regime in Spanien ablehnte, auch wenn er aufgrund der Mächte-

---

[59] Jasper von Altenbockum, »Die Angst der Mitte«, in: *FAZ* Nr. 250 vom 25. Oktober 2015.

konstellation gegen Deutschland gezwungen war, mit ihnen zusammenzuarbeiten.

In einem Interview mit der *Rheinisch-Westfälischen Zeitung* erklärte Hitler 1932: »Gewisse Rechtskreise bezeichnen uns als Bolschewisten, und die Bolschewisten wiederum behaupten, wir seien Reaktionäre, Barone, Großkapitalisten, Unternehmerknechte und weiß Gott was noch. . . Die marxistischen Feinde Deutschlands im Inneren wissen, nach ihrem jahrelangen Betrug am deutschen Volk, daß die nationalsozialistische Bewegung sich wirklich ehrlich des deutschen schaffenden Menschen annehmen wird. Die bürgerlichen Reaktionäre wissen, daß wir ihre Politik der Schwäche ablösen werden durch eine Politik der nationalen Kraft. Beide ahnen, daß die Zeit der Klassen- und Standesinteressenkämpfe sich ihrem Ende nähert, und daß auf der gedanklichen Plattform des Nationalsozialismus das deutsche Volk wieder seine Einheit zurückerhält.«[60] Mit anderen Worten: Er versuchte eine Synthese von Nationalismus und Sozialismus im Rahmen dessen, was er ›Volksgemeinschaft‹ nannte.

Dabei neigte er in gewisser Beziehung sogar dem Kommunismus zu: »Hitler bewunderte die Kommunisten, weil sie im Unterschied zu den bürgerlichen Kräften ›fanatisch‹ für eine Weltanschauung eintraten. Er bewunderte sie, weil sie all jene Eigenschaften und Fähigkeiten mitbrachten, die er als wesentliche Merkmale jener ›historischen Minorität‹ betrachtete, die in der Lage sei, der Majorität ihren Willen aufzuzwingen. Als Anhänger einer radikalen Ideologie hatten die Kommunisten unter Beweis gestellt, daß sie nicht zu den Opportunisten gehörten, sondern zu den Mutigen und Tapferen, die bereit seien, Opfer für ihre Ideale auf sich zu nehmen.«[61]

Von alledem will man nichts wissen, weil es der Komintern gefallen hat, den Nationalsozialismus als Faschismus zu deklarieren, und ahnungslose deutsche Antifaschisten nach wie vor gegen

[60] Rainer Zitelmann, *Hitler. Selbstverständnis eines Revolutionärs*, Stuttgart ^{3}1990, S. 452.

[61] Ebenda, S. 467.

einen Popanz kämpfen, der 1923 erfunden worden ist und den man am Leben erhalten muß, weil man ihn zu seiner Selbstrechtfertigung unbedingt benötigt.

Wie weit der blinde Haß der deutschen Linken auf die eigene Nation gehen kann, hat sich vor allem zur Zeit der Wende 1989/90 gezeigt, als sie Plakate hochhielt, auf denen zu lesen war: »Nie wieder Deutschland!« oder ganz brutal: »Deutschland verrecke!« Diesen Verrückten wäre nichts lieber gewesen, als daß die Sowjetunion den Aufstand in der DDR militärisch niedergeschlagen und die Wiedervereinigung verhindert hätte. Nachdem sie aber doch vollzogen worden war, gab es nur ein Anliegen: Bloß keinen neuen Nationalismus! Darin waren sich alle einig, und Helmut Kohl tat alles, die neuerstandene Nation durch engste Verflechtung mit der EU in Fesseln zu legen.

Dummerweise war aber immer noch ein deutsches Volk da, das seine Identität nicht völlig verloren hatte. Der Stein des Anstoßes, den einst Morgenthau u. Co. endgültig aus dem Weg räumen wollten, lag immer noch da. Was konnte da Besseres passieren als eine Völkerwanderung aus dem Orient, der man nur die Tore zu öffnen brauchte, um die Deutschen eines nicht zu fernen Tages zur Minderheit im eigenen Land zu machen!

Betrachtet man den Vorgang von der höheren Warte einer historischen Gerechtigkeit, ist man geneigt zu sagen: Nun endlich rächt sich ganz, was die Deutschen den Juden angetan haben. So wie sie einst Menschen, die sich seit der Judenemanzipation von 1812 völlig mit der deutschen Nation identifiziert hatten, verfolgten, verdrängten und ermordeten, werden sie nun selbst bedrängt und schließlich verdrängt werden. Aber während einst die Juden von Moses Mendelssohn bis Albert Einstein einen wesentlichern Beitrag zur deutschen Kultur leisteten, ist von jenen, die jetzt ins Land drängen, keine Bereicherung zu erwarten, auch wenn das den dummen Deutschen von interessierten Kreisen beständig vorgeflüstert wird.

Nun drängen Syrer, Iraker, Afghanen, Somalis usw. nach Deutschland, in ein Land, mit dem sie nie etwas zu tun hatten und das auch bei ihnen nie eingegriffen hat. Es waren doch Engländer und Franzosen, die sich nach dem Ersten Weltkrieg den osmanischen Kuchen aufgeteilt haben! Es waren doch die Amerikaner, die mit ihren Kriegen in Afghanistan und im Irak den ganzen Orient ins Chaos gestürzt haben! Was hat Deutschland damit zu tun? Nichts! Aber die Deutschen haben einen Tick: Sie meinen, die Schuld, die sie vor siebzig, achtzig Jahren auf sich geladen haben, dadurch abtragen zu müssen, daß sie nun bald das Klima, bald Griechenland, bald den Euro, bald die Orientalen und überhaupt die Welt retten. Dabei agieren sie häufig inkonsequent: Einerseits sind sie für Umweltschutz, andererseits fliegen sie die entferntesten Urlaubsziele an; einerseits sind sie fürs Energiesparen, andererseits fahren sie mit den schwersten Limousinen und Geländewagen; sie wollen die Urwälder retten und füttern trotzdem ihre riesigen Rinderherden mit Zusatzfutter, das auf den Böden zerstörter Urwälder erzeugt worden ist usw. Sie sind ganz einfach verwirrt, offenbar seelisch krank und wissen nicht, warum.

Diwald hat eine Erklärung zu geben versucht: »Sie sind kaum infiziert von jenen Begriffen, die zum Arsenal der Selbstachtung aller Völker auf diesem Erdball gehören: Gemeingeist, Liebe zur Heimat, Wahrung des Rechtes, Verkörperung nationaler Würde, Selbstsicherheit, Wahrung der Interessen, Ineinssetzung mit dem Volk, mit der Geschichte, mit dem Vaterland Deutschland.«[62]

Es gibt nicht nur eine »german linguistic submissivness«, wie die Engländer meinen, sondern eine ganz allgemeine Unterwürfigkeit der Deutschen. Vielleicht ist diese tatsächlich die Fortsetzung jenes Untertanengeistes, der bei ihnen schon lange beklagt wird. Dann hätte die Umerziehung zumindest in diesem Punkt überhaupt nicht funktioniert. Aber diese zielte auch gar nicht darauf. Die Deutschen sollten keineswegs den aufrechten Gang lernen, auch wenn ihnen das vorgespiegelt wurde, sondern sich unter die Last ihrer ›ungeheuren Verbrechen‹ beugen. Man hat ihnen

---

[62] Hellmut Diwald, aaO. (Anm. 25), S. 151.

moralisch das Kreuz gebrochen und darf sich jetzt nicht wundern, wenn sie gewissermaßen querschnittgelähmt, jedenfalls völlig verteidigungsunfähig sind.

Außer den Deutschen gibt es nur ein einziges Volk, das ebenso in den Netzen seiner jüngeren Vergangenheit zappelt, und das sind die Juden. Wie die Deutschen sich in ihre Täterrolle hineingesteigert haben, spielen die Juden mit Inbrunst ihre Opferrolle, und was den einen ihr Holocaust, ist den andern ihre Schoa. Der israelische Schriftsteller David Grossman hat vor kurzem auf die verhängnisvolle Rolle hingewiesen, die diese im Bewußtsein der Israelis und ihres Ministerpräsidenten spielt: »Seit er vor etlichen Jahren die Kampagne um das Amt des Regierungschefs zu führen begann, hat Netanjahu es meisterhaft verstanden, das traumatische Echo der Schoa unter die uns konkret bedrohenden Gefahren zu mischen und alles miteinander zu verrühren. Sein rhetorisches Talent und seine Überzeugungskraft locken den größten Teil der israelischen Gesellschaft in ein Dickicht aus historischem Nachhall und tatsächlichem Geschehen, in dem Netanjahu selbst zu leben scheint und das er in der vergangenen Woche der staunenden Welt präsentierte.

Israel ist ein Staat von Menschen, die vor einer großen Katastrophe geflohen sind. Unsere Gesellschaft ist gezeichnet von den Traumata der jüdischen Geschichte, von der Schoa und von den Kriegen in unserer Region. Die meisten von uns gehen den geschickten Manipulationen unseres Regierungschefs wehrlos in die Falle. Zwischen konkreter Bedrohung und dem Echo der Vergangenheit in unseren Köpfen zu unterscheiden fällt uns schwer. Wir überlassen uns der Herrschaft der Schrecken – was nicht verwunderlich ist, sind sie doch unserer kollektiven und persönlichen DNA eingeschrieben.«[63]

Juden und Deutsche sind offenbar immer noch Brüder im Geiste: Beide kommen nicht über ihre jüngere Vergangenheit hinweg. Und

---

[63] David Grossman, *Die Augen weit geschlossen*, in: *FAZ* Nr. 249 vom 27. Oktober 2015.

wie die Erinnerung an die Schoa die Juden daran hindert, mit den Palästinensern Frieden zu schließen, so verhindert die notorische Holocaust-Erinnerung, daß die Deutschen Frieden mit sich selber machen. Man sehe sich doch nur die neue Hauptstadt Berlin an! Zwar wird nun tatsächlich das Stadtschloß wiedererrichtet, soll aber auf keinen Fall an das alte Preußen erinnern, sondern ein Tutti-frutti-Kulturforum werden. Und sonst? Holocaust-Mahnmal, Mahnmal für die Sinti und Roma, Mahnmal für die Schwulen, Erinnerungsstätte an den 20. Juli, Sowjetisches Ehrenmal für die Gefallenen des Großen Vaterländischen Krieges, allenthalben Stolpersteine zur Erinnerung an ermordete Juden usw. Wo man geht und steht, stolpert man über die Schrecken der deutschen Vergangenheit.

Welche Wahrscheinlichkeit besteht denn da, Millionen von Orientalen in diese schauerliche Schicksalsgemeinschaft einzubinden? Sollen die sich alle auch zu dieser ›Verbrechernation‹ bekennen? Die Türken jedenfalls haben sich bisher standhaft dieser Zumutung verweigert. Die wollen ja nicht einmal an die Vertreibung der Armenier erinnert werden. Nun schreit die deutsche Wirtschaft schon wieder nach Arbeitskräften. Glauben die Herren Manager allen Ernstes, es wäre dasselbe, wenn ein deutsches Kind durch Kindergarten, Schule und Universität gegangen ist oder wenn ein Syrer nach Deutschland kommt, der erst mühsam die Sprache erlernen muß? Selbst wenn er Ingenieur ist, wird es Jahre dauern, bis er sich in der hochkomplexen deutschen Wirtschaftswelt zurechtfindet. Aber der Ingenieur ist nicht der Normalfall, sondern die Ausnahme.

Obwohl seit Jahrzehnten bekannt ist, daß die Deutschen viel zu wenige Kinder in die Welt setzen, hat es hier niemals eine wirkungsvolle Familienpolitik gegeben. Wozu es ein Familienministerium gibt, ist eines der großen Rätsel der Berlin-Astrologen. Die Kanzlerin selbst wird es wohl auch nicht wissen; es wird sie auch wenig kümmern, da sie als »die mächtigste Frau der Welt« unentwegt Weltpolitik machen muß. Ein paar finanzielle Anreize wie

Müttergeld und -rente reichen nicht aus, Familienpolitik zu betreiben. Solange der feministische Ungeist im Lande umgeht, wird sich nichts ändern. Die Chinesen haben endlich begriffen, daß ihre Ein-Kind-Politik keine Zukunft hat. Bis die Deutschen merken, daß ihre Anderthalb-Kinder-Politik auch keine Perspektive bietet, kann es noch dauern.

Wenn eine Frau in Deutschland drei, vier Kinder bekommt, wird sie schon als ›Gebärmaschine‹ beschimpft. Die Folge davon wird sein, daß es dort eines Tages nur noch Maschinen gibt, aber niemand mehr, der sie bedienen könnte. Aber das scheint dem aussterbenden Homo germanicus ebenso gleichgültig zu sein wie das Aussterben des einst hier ansässigen Homo neandertalensis. Soviel Blindheit und so wenig Selbstbehauptungswillen ist eine echte Rarität in der Weltgeschichte und wird es wohl auch bleiben. – Also geh doch zugrunde, Deutschland, du hast es nicht besser verdient!

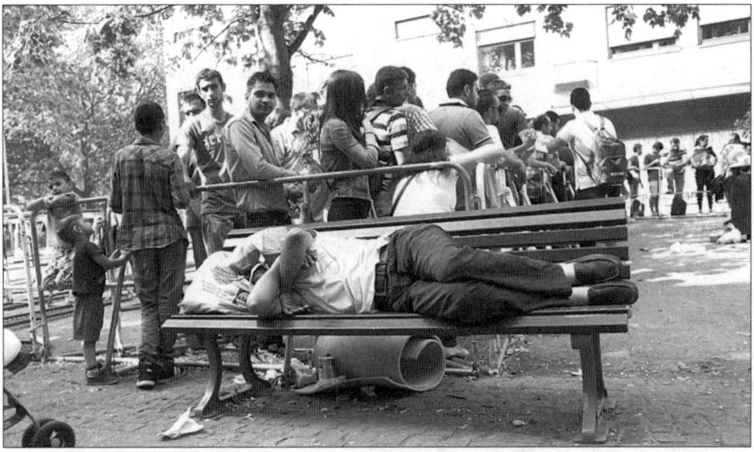

Deutschland ist kein Einwanderungsland. Es braucht vielmehr ein Einwanderungsgesetz mit einer Einwanderungsquote für qualifizierte Migranten. Foto: Stern

10.

Einwanderung und Kolonisation

»Eine tödliche Krankheit hat Deutschland befallen, und wird ihm nicht schleunigst ein Gegengift gegeben, so wird der Tod unausweichlich eintreten. Man wird Deutschland in Deutschland suchen und es nicht mehr finden, und in der Folge werden die Fremden unsere Wohnsitze nehmen, sie unter sich teilen und wir werden ihnen unterworfen werden.«

NIKOLAUS VON CUES, 1433

Bevölkerungsbewegungen gibt es in der Weltgeschichte fast immer und hat es wohl auch in vorgeschichtlicher Zeit schon gegeben. Der Homo, der sich aus Überheblichkeit ›sapiens‹ nennt, ist ein unsteter Geselle. Da aber jede Wanderung mühsam ist und oft ins Ungewisse führt, haben es die meisten Völker seit der jüngeren Steinzeit vorgezogen, seßhaft zu werden. Auf die Behauptung »Frankreich ist immer ein Einwanderungsland gewesen« hat neulich ein französischer Autor geantwortet: »Vom 6. bis zum 19. Jahrhundert ist Frankreich *kein* Einwanderungsland gewesen!« Ungefähr dasselbe gilt auch für Deutschland: Nachdem sich die Alemannen und Bayern in Süddeutschland festgesetzt hatten, gab es keine Wanderung mehr; und der Norden war ohnehin germanisches Stammland.

Aber anderswo gab es immer wieder Wanderungen größerer Gruppen in unterschiedlichen Formen, die man auseinanderhalten sollte, wenn man sich ernsthaft mit dem Thema befaßt.

a. Die klassische Aus- bzw. Einwanderung

Wenn sich eine Population in ihrem Gebiet so weit vermehrt hat, daß der Unterhalt knapp wird, werden traditionell die jungen Männer, meist die nachgeborenen Söhne, fortgeschickt, um in der Fremde ihr Glück zu versuchen. Haben sie sich dort eingelebt, die Sprache erlernt und sich in einem Beruf als tüchtig erwiesen, finden sie gewöhnlich auch eine Frau und gründen mit ihr eine Familie. Die Kinder aus solchen Mischehen lernen ganz von selbst die Landessprache, denn es ist die Sprache ihrer Mutter. Da sie darüber hinaus auch bestimmte Denk- und Verhaltensmuster übernehmen, sind sie weitgehend integriert. Zwar wird ihnen eines Tages bewußt werden, daß ihr Vater Ausländer ist, aber dafür müssen sie sich nicht schämen. Und in der nächsten Generation erinnert nur noch der fremde Familienname daran, daß ihr Großvater zum Beispiel nach Frankreich oder Deutschland eingewandert ist. In Wien gibt es zahlreiche tschechische, im Ruhrgebiet polnische, in Frankreich italienische und spanische Familiennamen, aber die jeweiligen Sprachen sind gewöhnlich verschwunden.

Die Integration solcher Zuwanderer erfolgt um so leichter, je weniger von ihnen einwandern. Kommen sie einzeln, haben sie gar keine andere Wahl, als sich anzupassen; kommen sie in größeren Gruppen, besteht die Gefahr, daß sie sich abkapseln und über Generationen der völligen Assimilierung entziehen. So bildeten die 20 000 Hugenotten, die der Große Kurfürst ab 1685 in Brandenburg aufnahm, zunächst eigene Kirchengemeinden, in denen weiterhin die französische Sprache gepflegt wurde. Aber da sie den Preußen für ihre Aufnahme dankbar waren und das politische System des aufgeklärten Absolutismus akzeptierten, wurden sie in wenigen Generationen zu guten Preußen, auch wenn sie in ihren Familien und Kirchen noch französisch sprachen. Aber Preußen war kein klassisches Einwanderungsland.

Es gibt typische Einwanderungsländer wie die USA, Kanada, Australien und Neuseeland, bei denen die Verhältnisse ganz anders liegen. Erstens ist die Ausgangssituation eine andere: Dort sind – bis auf die wenigen, meist an den Rand gedrängten Eingeborenen – alle gleichermaßen Einwanderer, von denen eben die einen früher, die anderen etwas später gekommen sind. Zweitens kennen diese Länder Einwanderungsgesetze, durch die genau geregelt ist, wer willkommen ist und wer nicht. Dort kann nicht einfach jeder daherkommen und erklären: »Hier bin ich, und hier bleibe ich. Und wenn ihr keine Arbeit für mich habt, müßt ihr mich eben verhalten.«

Aus diesem Grunde ist Deutschland kein klassisches Einwanderungsland, denn es hat kein System aufgebaut, durch das sich die Zuwanderung steuern ließe. Die kommt nun wie eine Überschwemmung oder sonst eine Naturkatastrophe über das Land; während man aber für solche Fälle Vorsorge getroffen hat, steht man hier einer Masseneinwanderung weitgehend hilflos gegenüber.

b. Kolonisation

Unter ›Kolonisation‹ versteht man zunächst die Besiedlung und Urbarmachung weitgehend unbesiedelter oder dünnbesiedelter Gegenden, die Gründung von Dörfern und Städten und den Aufbau eines größeren Gemeinwesens bis hin zur Staatsgründung.

Als wagemutige, zum Teil auch vertriebene Norweger im 10. Jahrhundert Island erreichten, war diese Insel noch menschenleer und konnte ohne Widerstand in Besitz genommen werden. Und als die Polynesier vom indo-malaiischen Archipel aus die Weiten Polynesiens besiedelten, waren auch diese Inseln noch völlig unberührt. So mußten die einen wie die anderen harte Kulturarbeit leisten, um sich in ihrer neuen Heimat zu behaupten.

Was das konkret bedeutet, läßt sich an zwei historischen Beispielen erläutern: an der griechischen Kolonisation zwischen 750 und 550 v. Chr. und an der deutschen Ostkolonisation vom 12. bis 14. Jahrhundert n. Chr. Wenn in einer griechischen Stadt der vorklassischen Zeit der Bevölkerungsdruck zu groß wurde, rüstete man ein Schiff aus und schickte es unter der Führung eines Oikisten mit jungen Männern und Frauen an eine ferne Küste, damit sie sich dort festzusetzen suchten und eine Stadt gründeten. So wurden zum Beispiel von Korinth aus Syrakus und eine Reihe von Städten an der Südküste Siziliens gegründet, von Megara aus Byzanz, Herakleia, Chersonesos und andere Städte am Schwarzen Meer, von Phokaia aus Massalia (Marseille), Emporion und andere am westlichen Mittelmeer, von Thera aus die Städte der Kyrenaika usw. Daneben gab es auch Agrarkolonien, und um die Mitte des 1. Jahrtausends v. Chr. hatten Griechen fast alle Küsten des Mittelmeers und des Schwarzen Meeres besiedelt. Sicherlich lief es dabei nicht immer friedlich ab, und mancher Kolonisationsversuch scheiterte auch, da aber auch die Vorbevölkerung von den griechischen Kolonien profitierte und sich oft sogar deren Sprache und Lebensweise aneignete, ergab sich eine Hellenisierung weiter Landstriche und jahrhundertelang ein friedliches Zusammenleben.

Bei der deutschen Ostkolonisation ging der Anstoß oft nicht von Deutschland, sondern von den Fürsten der östlichen Nachbarn aus, von den Herzögen von Pommern und Schlesien, den Königen von Böhmen und Ungarn, die Siedler für ihre dünnbesiedelten Gebiete suchten. So entstanden Hunderte von deutschen Dörfern und bald auch Dutzende von Städten, in denen Lübecker, Magdeburger oder süddeutsches Recht galt. Dazu kam die Gründung von Klöstern, vor allem der Zisterzienser und Prämonstratenser, die sich meist in unwirtlichen Gegenden niederließen und diese urbar machten. Auf diese Weise wurde die deutsche Siedlungsgrenze im Nordosten bis an die Memel, im Südosten bis an Drau und Raab vorgeschoben, und es gab darüber hinaus isolierte Sprachinseln, vor allem im Karpathenbogen (Siebenbürgen).

Ähnlich wie bei der griechischen Kolonisation profitierten beide Seiten davon: Die Deutschen gewannen neues Siedlungsland, die Slawen und Ungarn erhielten Zugang zur fortschrittlichen Kultur des Westens, zur Dreifelderwirtschaft, die sie vorher nicht kannten, und zur deutschen Handwerkskunst, die schon zu jener Zeit hervorragend war. So entwickelte sich eine Art Symbiose, die bis ins 19. Jahrhundert dauerte. Erst der Nationalismus und der Panslawismus zerstörten diese im wesentlichen friedliche Welt und führten zu den Katastrophen des 20. Jahrhunderts und zum Ende der deutschen Geschichte jenseits von Oder und Neiße.

Ganz anders, jedenfalls viel weniger friedlich erfolgte die Kolonisierung Nordamerikas, das von Indianervölkern besiedelt, also keineswegs frei war. Aber durch die Krankheiten (Grippe, Masern, Pocken), welche die ersten europäischen Siedler ungewollt einschleppten, wurde die einst zahlreiche Bevölkerung der Ostküste so weit dezimiert, daß es für Engländer, Holländer und Franzosen ein leichtes war, sich dort festzusetzen. Als sie dann im 17. Jahrhundert das Gebiet zwischen Küste und Appalachen fest im Griff hatten, drangen sie mit Gewalt nach Westen in die Indianergebiete vor und nahmen sie den Ureinwohnern bis auf eng begrenzte Reservate ab. So entwickelte die zunächst friedliche Kolonisation Nordamerikas immer mehr den Charakter einer gewaltsamen Annexion und kann nicht mehr als typische Kolonisation gewertet werden, denn die Indianer profitierten so gut wie gar nicht davon.

c. Invasion

Beim Stichwort ›Invasion‹ denkt man meist an einen militärischen Überfall mit anschließender massenhafter Zuwanderung in das Gebiet eines anderen Volkes oder Staates. Beispiele dafür bieten die germanische Völkerwanderung, die das geschwächte Römische Reich überrannte, oder die zweimalige Eroberung Englands: im 5. Jahrhundert durch die Angelsachsen, im 11. Jahrhundert durch die Normannen. (Der Versuch der Dänen im 9. Jahrhundert, sich England zu unterwerfen, scheiterte schließlich.)

Man übersieht leicht, daß es sowohl in der Natur als auch in der Geschichte friedliche Invasionen gibt. Die Ornithologen kennen ›Invasionsvögel‹, etwa Bergfinken, die alle paar Jahre im Winter in großen Scharen aus Skandinavien nach Mitteleuropa einfallen und im Frühjahr wieder verschwinden, oder die Unglückshäher, die nur in sehr großen Abständen aus Sibirien bis nach Europa wandern. Solche Invasionen bleiben gewöhnlich folgenlos. Ganz anders verhält es sich bei der Invasion von Wanderheuschrecken, die oft weite Gebiete der Sahelzone oder Nordafrikas kahlfressen; aber auch sie verschwinden wieder.

So sind auch die Hunnen und Mongolen wieder aus Europa verschwunden, die Ungarn dagegen haben sich in der Pannonischen Ebene festgesetzt und allmählich europäisiert.

Alle Wanderungen dieser Art laufen mehr oder weniger nach demselben Muster ab: Zu großes Bevölkerungswachstum erzeugt

Raumenge und eine Art Bevölkerungsüberdruck, der in andere Gebiete entweicht. Die Anstöße (*push*-Faktoren) können verschieden sein: Naturkatastrophen, Kriege, unerträgliche politische Zustände (Diktatur, soziale oder religiöse Konflikte), aber das Ergebnis ist immer dasselbe: Ganze Populationen oder Teile davon suchen ihr Heil in der Flucht und hoffen, anderswo auf der Welt eine bessere Zukunft zu finden, die Frage ist nur: wo?

Hier kommt die Anziehungskraft, die Attraktivität eines bestimmten Landes ins Spiel (die sogenannten ›*pull*-Faktoren‹). Mehr als zweihundert Jahre waren die USA der Magnet für die Auswanderer aus Europa, daneben Kanada und am anderen Ende der Welt Australien. Jetzt ist Europa selbst zum Anziehungspunkt für die Flüchtlinge aus Asien und Afrika geworden: wegen seines hohen Lebensstandards, seiner sozialen Sicherungssysteme und der langen Friedensperiode, die es seit dem Zweiten Weltkrieg genießt. Wenn nun die Politiker eines Landes auch noch so unvorsichtig sind, alle Armen und Verfolgten zu sich einzuladen und ihnen die Grenzen zu öffnen, ist eine Invasion die zwangsläufige Folge. Der Gipfel der Torheit ist es dann, diese Invasion nicht beim Namen zu nennen, sondern so zu tun, als handle es sich um eine vorübergehende Unpäßlichkeit.

Nicht ganz Europa, sondern speziell Deutschland erlebt nun eine Invasion, deren Folgen kaum abzuschätzen sind, da sie erst in der Anfangsphase ist. Sollte sie sich über lange Zeit fortsetzen oder verstärken, dann heißt es irgendwann: Land unter. Und dieses Land war dann Deutschland.

Stadtbild in Duisburg-Marxloh. Sogenannte ›No go-Area‹ sind im Entstehen. Foto: dpa

11.

Integration und Assimilierung

»Für die herrschende Ideologie, die nur ›Menschen‹ kennen will, bedeutet eine Million Türken, eine Million Chinesen, eine Million Skandinavier, eine Million Nigerianer lediglich eine Million. Daß diese einzelnen Millionen auch Träger verschiedener Kulturen sind, daß die Vermischung dieser Kulturen nicht immer selbstverständlich ist, daß das aufgezwungene Zusammenleben verschiedener Bevölkerungen soziale Pathologien hervorbringen kann, zählt nicht.«

ALAIN DE BENOIST

Auf einer Reise durch Bayern wollte ich einmal in einem Landgasthof zu Mittag essen, und da das Wetter schön war, setzte ich mich in den zugehörigen Biergarten. Der Zufall wollte es, daß gerade ein Dorffest gefeiert wurde, das Jubiläum des Musikvereins oder etwas dergleichen. Als nun der Festzug mit der Musikkapelle an der Spitze die Dorfstraße heraufkam, sah ich aus einem Nachbarhaus vier Mädchen in bayrischer Tracht herauskommen; sie schäkerten und lachten und waren bester Laune. Es gab nur eine Besonderheit: Eines der Mädchen war eine kohlschwarze Afrikanerin. Als sie vorbeikamen, hörte ich, daß sie genauso bayrisch redete wie die andern. Sie gehörte offensichtlich schon lange zum Dorf und war von den einheimischen Mädchen als ihresgleichen angenommen. Da dachte ich mir: So funktioniert Integration!

Wenn ein Kind, egal, woher und welcher Hautfarbe, früh in eine Dorfgemeinschaft aufgenommen wird, lernt es nicht nur die Sprache, sondern auch die Sitten und Gebräuche und übernimmt vor allem die Mentalität der Einheimischen. Wenn es nun denkt und fühlt wie sie, spielt die Hautfarbe keine Rolle mehr. Je homogener die Gemeinschaft ist, in der so ein junger Mensch aufwächst, desto leichter wird er sich darin zurechtfinden; er wird nicht nur integriert sein, sondern schließlich assimiliert werden.

Der Übergang von der Integration zur Assimilierung ist fließend. Integriert ist ein Mensch, wenn er ein vollwertiges und anerkanntes Mitglied der Gesellschaft geworden ist, wenn er nicht nur im Beruf, sondern auch in Vereinen seinen Platz gefunden hat, im Sport- oder Musikverein, das heißt, wenn er auch am gesellschaftlichen Leben teilnimmt. Aber er bleibt im Grunde seines Herzens wahrscheinlich immer noch Italiener, oder Pole, oder Türke, eröffnet aber zumindest seinen Kindern die Möglichkeit, sich als Deutsche zu fühlen.

Assimiliert ist ein Mensch, der in der ihn umgebenden Gesellschaft völlig aufgegangen ist, so daß er keinerlei Fremdheit mehr empfindet. Zwar weiß er, daß seine Vorfahren von woanders hergekommen sind, weshalb er auch einen ausländischen Familiennamen trägt, aber das ist für ihn weitgehend belanglos. Er gehört ganz einfach dazu, gleichgültig, woher seine Vorfahren stammen.

Es ist historisch belegt, daß nicht nur einzelne oder kleine Gruppen, sondern ganze Völker assimiliert werden können. So sind beispielsweise in der Antike die Etrusker und im Mittelalter die Langobarden völlig im römischen bzw. italienischen Volk aufgegangen. Zwar trifft man noch heutzutage in der Lombardei bisweilen jemanden, der behauptet, er sei Langobarde. Aber das ist ungefähr so, wie wenn in Deutschland einer sagt, er sei Bayer. Der eine ist trotzdem Italiener, der andere trotzdem Deutscher.

Unter günstigen Bedingungen kann auch aus zwei Völkern eines werden wie in Frankreich, wo die ansässigen Galloromanen und die sie beherrschenden Franken zur französischen Nation zusammengewachsen sind. Trotzdem ist im Mentalitätsunterschied zwischen Nord- und Südfranzosen eine Erinnerung an die verschiedene Herkunft erhalten. Eine wesentliche Bedingung für das Zusammenwachsen der beiden Völker war übrigens die gemeinsame Religion. Im Gegensatz zu den Ostgermanen, die Arianer waren, haben sich Franken wie Langobarden zum Katholizismus bekehrt und damit denselben Glauben angenommen wie die von ihnen beherrschte romanische Bevölkerung. Damit war ein wesentliches Ehehindernis beseitigt, und die beiden Volksgruppen konnten auf ganz natürliche Weise verschmelzen. Schließlich kann man gerade im Fall Frankreich kaum unterscheiden, wer eigentlich wen assimiliert hat; aber das ist ein Ausnahmefall. Normalerweise werden kleinere Gruppen von Zuwanderern durch die ansässige

Mehrheitsbevölkerung assimiliert und bilden, wenn alles gut geht, mit ihnen am Ende eine harmonische Einheit.

Für die Anhänger der multikulturellen Utopie gibt es freilich nichts Schlimmeres als Assimilierung. Manche betrachten sie gar als Angriff auf die Menschenwürde, als hinge die Würde eines Menschen allein von seinem Naturzustand ab und wäre nicht eher eine kulturelle Errungenschaft. Wer den Menschen nicht als Kulturwesen begreift, sollte auch nicht von Menschenwürde reden. Für einen Erwachsenen ist es freilich immer schwierig, in eine fremde Kultur hineinzuwachsen, da er bereits eine kulturelle Prägung mitbringt. Kommt er nun in einen anderen Kulturkreis, steht er vor der schmerzhaften Entscheidung, ob er sich der ihm noch fremden Kultur anpassen oder an seiner traditionellen Kultur festhalten soll. Entscheidet er sich für die zweite Option, wird seine Integration schwierig und seine Assimilierung unmöglich. Dann lebt er gewissermaßen als Fremdkörper in einer ihm fremden Umgebung, die ihm sogar als feindlich erscheint, selbst wenn sie gar nichts gegen ihn hat.

Nahezu unmöglich wird Integration, wenn sich große Gruppen aus einem fremden Kulturkreis in ihrer neuen Umgebung abschotten und so weit wie möglich unter sich bleiben. In einigen Berliner Vierteln soll es Türkenkinder geben, die an ihrem ersten Schultag einen Kulturschock erleiden. Bisher haben sie nur Türkisch gehört und gesprochen, in der Familie, beim Einkaufen, beim Arzt; sie haben nur türkische Programme im Fernsehen angeschaut, der Vater hat eine türkische Zeitung gelesen usw. So haben sie gar nicht begriffen, daß sie in Deutschland leben. Und nun kommen sie in die Schule, und die Lehrerin spricht nur Deutsch. Zum Glück oder Unglück (wie man es nimmt) sind da jedoch viele türkische Mitschüler, mit denen man sich bequem verständigen kann. – Wie soll unter solchen Voraussetzungen Integration gelingen?

Dazu kommt ein fundamentales Problem, das man in der Hauptstadt der Gottlosen überhaupt nicht versteht: Die meisten Zuwanderer (Türken, Libanesen, Syrer, Iraker, Afghanen) sind Muslime und nehmen ihren Glauben noch ernst. Da sie außerdem in der verhängnisvollen Überzeugung leben, den allein wahren Glauben zu besitzen, sehen sie nicht die mindeste Veranlassung, ihm untreu zu werden, ganz abgesehen von der Tatsache, daß Glaubensabfall im Islam ein todeswürdiges Verbrechen ist. Muslime kommen mit einem Gefühl der Überlegenheit nach Europa. Von alters her gewohnt, auf Christen herabzuschauen, werden sie sich kaum bereit finden, sich auf deren Niveau zu begeben.

Das ist der Hauptgrund, weshalb die Algerier in Frankreich zu einem großen Teil nicht wirklich integriert sind. Sie sprechen zwar durchweg Französisch, aber als Muslime lehnen sie sowohl die christlich geprägte Kultur Frankreichs als auch den Laizismus und Liberalismus der französischen Republik ab. Sie hassen es geradezu, im Geschichtsunterricht die Kreuzzüge aus europäischer Sicht dargestellt zu sehen oder vom christlichen Mittelalter zu hören, ganz zu schweigen von ihrem Widerwillen gegen die imperialistische Kolonialpolitik des 19. Jahrhunderts.

Wie angespannt das Verhältnis zwischen Nordafrikanern und Franzosen ist, kann man selbst als Tourist immer wieder beobachten. Vom Fenster eines Hotelzimmers in Beauvais aus habe ich einmal folgende Szene verfolgt: Ein junger Franzose ging Arm in Arm mit seiner Freundin die Straße entlang. Da versperrten ihm vier junge Männer den Weg, dem Aussehen nach drei Algerier und ein Schwarzafrikaner. Sie redeten auf das Mädchen ein und forderten es auf, mit ihnen zu gehen. Als es da dem Franzosen zu bunt wurde und er seine Freundin an den Burschen vorbeizog und mit ihr weiterging, schrien sie hinter ihm her: »Raciste! Fachiste! Raciste! Fachiste!. . .« Weil er ihnen das Mädchen nicht einfach überlassen wollte, war er also ein Rassist und nebenbei auch noch Faschist. – Anscheinend darf sich ein Franzose gegen derlei Zumutungen nicht mehr wehren, ohne übel beschimpft zu werden.

Wenn nun aber ein Einheimischer in seinem Land nicht mehr über die Straße gehen kann, ohne von Fremden (die zwar auch Staatsbürger, aber offenbar nicht integriert sind) beleidigen zu lassen, so wird er sich irgendwann fragen, wo denn der Staat bleibt, der ihn beschützen müßte, und er wird schließlich die Solidarität mit diesem Staatswesen aufkündigen und sich innerlich verabschieden. Die zum Teil erschreckend niedrigen Wahlbeteiligungen in vielen Staaten sind ein Indiz dafür.

Teilnehmer der islamkritischen Bewegung ›Leipzig gegen die Islamisierung des Abendlandes‹ (Legida) bei einer Protestveranstaltung im Januar 2016 in Leipzig. Foto: dpa

12.

Multikulti und die Folgen

»Die EU ist nicht das Europa der Europäer,
sondern eine Zwangsjacke für die Völker Europas.«
MICHAEL NIER

Seit einigen Jahrzehnten schon sind viele Deutsche von der Idee der multikulturellen Gesellschaft begeistert. Solche Leute sind meist der Überzeugung, der Nationalstaat habe ausgedient und die ganze Welt sei inzwischen ein großes Dorf.

Das ist typisch deutsch: immer von einem Extrem ins andere. Nachdem die Nationalsozialisten die Volksgemeinschaft propagiert haben, soll es nun überhaupt kein Volk mehr geben. Und wenn an der Fassade des Reichstags steht: »Dem deutschen Volke«, muß im Innenhof eine große Installation verkünden: »Der Bevölkerung«. Fast niemand findet es noch bedrohlich, daß das Land von Italienern, Spaniern, Polen, Serben, Kroaten, Bosniern, Albanern, Griechen, Türken, Syrern, Irakern, Afghanen, Pakistanern, Vietnamesen und Afrikanern bevölkert wird und die Deutschen in absehbarer Zeit zur Minderheit im eigenen Land werden können.

Die Deutschen sind nun einmal Naivlinge. Sie stellen sich vor, Multikulti sei das Nebeneinander von italienischen Eiscafés, Dönerbuden und Chinarestaurants. Daß es dann aber auch die italienische Mafia/Camorra/'Ndrangheta, die Russenmafia, die chinesischen Triaden, die vietnamesischen Schwarzhändler und viele andere zwielichtige Organisationen gibt, stört die willentlich Blinden nicht. Solange man bei ihnen ›seinen Stoff‹ kaufen kann, sind sie ja auch ganz praktisch. Daß sie die staatliche Ordnung aushöhlen, ist für linke Utopisten ein hübscher Nebeneffekt; denn ›das System‹ soll ohnehin beseitigt werden.

Der Trick, mit dem der totale Gesellschaftsumbau bewerkstelligt werden soll, ist der Grundsatz der Antidiskriminierung. Wer einen Ausländer ›Ausländer‹ nennt, diskriminiert ihn, und das ist verboten! Benennungen wie ›Neger‹ oder ›Zigeuner‹ sind ganz verpönt und gelten als rassistisch. Niemand soll ›ausgegrenzt‹ werden (wie der neue Terminus lautet); alle sind ja gleich, und Grenzen sind überflüssig. Die Liedverse ». . . denn heute gehört uns Deutschland und morgen die ganze Welt« sind förmlich ins Gegenteil verkehrt: Deutschland gehört der ganzen Welt, und die Deutschen sollen sehen, wo sie bleiben.

Wohin die Antidiskriminierung im Endeffekt führt, haben die Engländer in den letzten Jahren schon erlebt, und zwar in Oxfordshire, wo pakistanische Banden viele Jahre lang den Mißbrauch minderjähriger Mädchen organisieren konnten, ohne daß ihnen jemand das Handwerk zu legen wagte. Man wäre ja sonst in Gefahr geraten, Pakistanis zu diskriminieren! So sind in der Zeit zwischen 2000 und 2015 dort mindestens 370 Kinder von Banden mißbraucht worden.

Aber Oxfordshire war kein Einzelfall. In der Stadt Rotherham ging es noch schlimmer zu. »In der nordenglischen Zechenstadt sind nach ›konservativen Schätzungen‹, so heißt es, in einem vergleichbaren Zeitraum 1400 Mädchen von pakistanischen Banden sexuell mißbraucht worden. Auch in Rotherham wurden Hinweise über Jahre hinweg systematisch ignoriert. Die Täter laufen noch immer frei herum. Ähnliche Muster sind in weiteren Städten und Regionen zu finden, etwa in Rochdale, Greater Manchester oder in Newcastle.«[64]

Auf die Frage, warum die meisten Täter Pakistanis und andere Muslime waren, gab Taj Hargey, ein Imam aus Oxford, eine überraschende Antwort: »Hargey verwies auf das Frauenbild, das von manchen islamischen Geistlichen gepredigt werde, das Frauen grundsätzlich in ein schlechtes Licht rücke, weißen Frauen aber ›besondere Verachtung‹ entgegenbringe. Vor allem leicht bekleidete Mädchen würden von fehlgeleiteten Muslimen als ›promisk, dekadent und schlampenhaft‹ wahrgenommen, die ›für ihr Verhalten eine Bestrafung verdienten‹.« Da wurden also 11- bis 15jäh-

---

[64] Jochen Buchsteiner, »In einem verdorbenen Land«, in: *FAZ* Nr. 53 vom 4. März 2015.

rige Mädchen für ihr leichtfertiges Verhalten »bestraft«, indem sie »vergewaltigt, zum Teil zu Foltersex gezwungen und verkauft« wurden! »Manche Opfer wandten sich an Sozialarbeiter oder die Polizei, die Anzeigen blieben aber folgenlos. Erst 2011 begannen Ermittlungen.«[65] Wahrscheinlich schlossen die englischen Behörden bis dahin messerscharf, daß nicht sein kann, was nicht sein darf.

So funktioniert also Antidiskriminierung! Sie wird für die absolut Nicht-Integrierten zu einem Schutzschild, hinter dem sie auch kriminell werden dürfen. Nur wenn einige von ihnen Bombenattentate verüben wie in Madrid und London oder Massaker anrichten wie jüngst in Paris, gehen den allzu Gutmütigen die Augen auf – meist nur für kurze Zeit. Und niemand wagt zu fordern, der multikulturelle Wahnsinn müsse ein Ende haben. Die Terroristen werden zwar verfolgt, aber das Umfeld, aus dem sie kommen, bleibt weitgehend unangetastet, auch wenn der ehemalige französische Präsident Sarkozy einmal gefordert hat, die Banlieue müsse »mit dem Kärcher« gesäubert werden.

Seit dem 13. November 2015 wird man diese Äußerung auch in Deutschland nicht mehr so lächerlich finden wie damals anno 2005. Jetzt spricht Präsident Hollande gar von »Krieg«, und die meisten Franzosen stimmen ihm zu. Die Deutschen dagegen hängen insgeheim der Theorie an, dergleichen könne bei ihnen kaum passieren; denn sie pflegen ja eine ›Willkommenskultur‹, und so herzlich empfangene Gäste werden doch um Gottes willen keine Schweinerei machen. Aber diese Gäste kommen nun einmal aus dem islamischen Kulturkreis und zeigen nicht den mindesten Respekt vor den europäischen Werten. Und einige von ihnen sind zweifellos Islamisten.

Im Juli 2015 hat der Erzbischof von Mossul, Yohanna Petros Mouche, einen Hilferuf an den Westen gesandt: »Gebt euch Mühe, den IS aus dem Land (gemeint ist der Irak) zu vertreiben! Heute sind sie bei uns. Morgen werden sie bei euch sein.«[66] Nur vier Mo-

---

[65] Buchsteiner, ebenda.

nate später, am 13. November, hat der IS in Paris zugeschlagen, 130 Menschen ermordet und mehr als 300 zum Teil schwer verletzt. Die Attentäter kamen jedoch nicht direkt aus dem Orient, sondern aus Frankreich und Belgien, und zwar aus dem Umfeld radikaler Muslime, was eine deutsche Zeitung unter der Überschrift kommentierte: »Tausende, die Frankreich hassen«.[67]

Vorläufig mag es noch nicht so viele geben, die Deutschland hassen, aber wenn der unkontrollierte Zustrom aus dem Orient weiter anhält, wird dieselbe Situation auch dort entstehen. Nun beschwichtigt man die naiven Deutschen mit der Behauptung, Islam und Demokratie seien durchaus vereinbar, denn Religion sei Privatsache, und die Muslime brauchten nur das Grundgesetz anzuerkennen; damit seien sie dann so gut wie integriert. Aber für den frommen Muslim gibt es keine Trennung von Staat und Religion, denn der *Koran* kennt so etwas nicht. Speziell in den medinischen Suren ist das gesamte (private wie staatliche) Leben so geregelt, daß es keinen Spielraum für individuelle Abweichungen gibt. Der *Koran* ist das Grundgesetz der Muslime, neben dem es kein anderes Grundgesetz geben kann.

Wenn nun Muslime zu Hunderten oder Tausenden in irgendeiner Aufnahmeeinrichtung beisammenleben, gilt dort praktisch islamisches Recht. Eine Palästinenserin, die mit ihrer Familie aus Damaskus über Kairo nach Deutschland geflohen und zunächst in einer Sammelunterkunft in einem ehemaligen Kloster untergebracht war, erklärte: »Dort waren wir nicht in Deutschland, sondern in Homs.« Der Grund war, daß sie dort »mit den vielen sehr religiös geprägten, aus ländlichen Gegenden geflohenen Flüchtlingen zusammenleben mußten«.[68] Siehe da, wir haben eine neue Adresse: Homs/Germany.

---

[66] Fouad El-Auwad, »Morgen wird der IS bei euch sein.« Ein Gespräch mit Erzbischof Yohanna Petros Mouche, *in: FAZ* vom 8. Juli 2015.

[67] *FAZ* Nr. 266 vom 16. November 2015.

[68] Markus Bickel, »Die Schauspielerin«, in: *FAZ* Nr. 256 vom 4. November 2015.

Der Anteil der von Asylbewerbern begangenen Straftaten an der Gesamt-Kriminalität nimmt rapide zu. Das Sicherheitsempfinden vieler Bundesbürger ist gestört.

13.

Wahn und Wirklichkeit

»Wer widerrechtlich in ein Haus einbricht, wird bestraft. Wer widerrechtlich in einen Staat einbricht, kann mit Sozialleistungen und zuvorkommender Behandlung rechnen. Das muß aufhören.«

ROGER JÜRG KÖPPEL

Mitglied des Nationalrats der Schweiz,
in: *Die Weltwoche*, 18/2015

Am 17. November 2015 fand im Kanzleramt in Berlin ein Integrationsgipfel statt. Als die Kanzlerin anschließend nach der Integrationsfähigkeit syrischer Flüchtlinge gefragt wurde, wollte sie das »sehr klar mit einem Ja beantworten. Integration bedeute, daß sich die Migranten an die Gesetze und die Regeln halten, aber auch, daß ihnen gesellschaftliche Teilhabe ermöglicht werde. Zu Integration zähle zudem, ›daß die Gesellschaft auch bereit ist, tolerant zu sein und vielleicht auch eine gewisse Sehnsucht danach hat, daß sie vielfältiger werden wird, daß sie auch andere Eindrücke aufnimmt und daß sie bereit ist, das als Bereicherung zu verstehen‹«.[69]

Analysiert man diese schillernden Aussagen, erkennt man ein ziemlich nebulöses Weltbild. Da wird zunächst gefordert, die Zuwanderer hätten sich an die Gesetze zu halten, was eine Selbstverständlichkeit ist. Es gilt sogar für jeden Touristen, auch wenn er sich nur ein paar Tage in Deutschland aufhält. Der Rest aber betrifft die Zuwanderer überhaupt nicht, sondern die Deutschen: Sie sollen tolerant sein und fremde Eindrücke aufnehmen und die ganze Katastrophe als Bereicherung wahrnehmen. Schließlich versteigt sich die Kanzlerin zur Vermutung, daß die deutsche Gesellschaft »eine gewissen Sehnsucht« danach habe, »vielfältiger (zu) werden«. Das ist politische Romantik in alter deutscher Tradition. Schon immer hat ja dieses dumme Volk das Fremde mehr geliebt als das Eigene: das Römische, das Italienische, das Französische.

Das christliche Gebot »Du sollst deinen Nächsten lieben wie dich selbst!« zielt bei den Deutschen, die sich selbst nicht lieben kön-

[69] »Merkel: Sehnsucht nach Vielfalt«, in: *FAZ* Nr. 268 vom 18. November 2015.

nen, ins Leere. Bei ihnen gilt das alte Sprichwort: »Wo die Liebe hinfällt, bleibt sie liegen.« Nun ist eben diese Liebe seltsamerweise auf die Dame aus der Uckermark gefallen und die Liebe der Dame auf die Flüchtlinge aus Syrien. Und wenn sie in den unergründlichen Tiefen ihres Geistes etwas beschlossen hat, dann ist das grundsätzlich »alternativlos«. Ihr Wille ist Gesetz. Da schimmert ganz deutlich ihre Sozialisation in der DDR durch, wo ja auch der Wille der Partei, in Wirklichkeit der des Staatsratsvorsitzenden, unwidersprochen Gesetz war.

Wer sich nicht in den feudalen Wohnungen der hohen Politik eingerichtet hat, sondern die Mühen der Ebene erlebt, wird den Optimismus der Kanzlerin nicht teilen, daß die Deutschen die Aufgabe lösen könnten, die sie ihnen gestellt hat. Dazu ein Beispiel aus der täglichen Nachrichtenflut vom deutschen Flüchtlingsparadies.

Am 29. November 2015 meldete der Nachrichtensender *ntv*: »Schwere Krawalle in Migrantenunterkünften. Verletzte und Panik in Asylheim in Berlin-Spandau. – Massenprügelei unter Migranten in Berlin-Tempelhof. – Verletzte nach Schlägerei im Asylheim von Klietz. Und im entsprechenden Teletext stand zu lesen: Eine Massenschlägerei in einer Flüchtlingsunterkunft in Berlin hat einen Großeinsatz der Rettungskräfte ausgelöst. ›Wir haben 7 Personen ins Krankenhaus gebracht‹, sagte ein Sprecher der Feuerwehr. Auslöser der Schlägerei war ein Streit, der am Samstagabend schnell eskalierte. ›Dabei gingen die Kontrahenten auch mit Feuerlöschern aufeinander los‹, erklärte ein Sprecher der Polizei. Viele Menschen flüchteten ins Freie, um sich in Sicherheit zu bringen.«

Eine ähnliche Nachricht war schon am 16. September in einer Regionalzeitung zu lesen. Überschrift: »Massenschlägerei«. Text: »Neun Menschen sind bei einer Massenschlägerei in der Landesaufnahmestelle für Flüchtlinge in Ellwangen gestern verletzt worden. Wie die Polizei mitteilte, waren zwei Gruppen, rund 150 Menschen, bei der Essensausgabe aneinandergeraten. Die Auseinandersetzung wurde dann draußen fortgesetzt. 1000 Personen standen auf der Straße, als 100 Einsatzkräfte, auch aus Bayern eingriffen.«[70]

Die Ortspolizei bekam also die Lage nicht in den Griff und mußte Verstärkung aus Bayern anfordern.

Ein Psychologe hat neulich eine plausible Erklärung für solche Vorfälle gegeben: Wenn man einen Versuch machen möchte, wie man Menschen zu Aggressionen verführt, dann wäre eine überbelegte Massenunterkunft die beste Versuchsanordnung. Wenn man hinzunimmt, daß es sich dabei um traumatisierte Flüchtlinge handelt, wären die Voraussetzungen geradezu optimal. Da muß es zu Gewaltausbrüchen kommen.

Nun wäre freilich zu wünschen, die Leute könnten aus den Massenquartieren in Kasernen, Fabrik- und Turnhallen möglichst rasch auf kleinere Wohngemeinschaften oder Einzelwohnungen verteilt werden, aber was hilft das, wenn der Zustrom andauert und die Massenunterkünfte sogleich wieder aufgefüllt werden? Dann bleiben die Zustände so unerträglich, wie sie zur Zeit sind. Und Frau Merkel hat mit ihrer Politik der offenen Grenzen nicht nur den Deutschen, sondern auch den Flüchtlingen einen Bärendienst erwiesen.

Daß Staaten auch Grenzen brauchen, ist für den hochfliegenden Geist der Kanzlerin viel zu simpel. Sie ist der Meinung, die Grenzen könnten ohnehin nicht kontrolliert werden und man müsse die Flüchtlinge nur gleichmäßig übers Land verteilen, dann würde sich das Problem in Wohlgefallen auflösen. Wie das dann in der Praxis aussieht, möge ein Beispiel aus Baden-Württemberg verdeutlichen.

Die Leiterin eines Schullandheims wurde im Urlaub mit der Nachricht beglückt, in ihrem Heim müßten »vorübergehend« Flüchtlinge untergebracht werden. Sie brach also ihren Urlaub ab und fand daheim 84 Flüchtlinge aus verschiedenen Nationen: Albaner, Mazedonier, Syrer, Iraker, Ghanaer. Keiner von ihnen sprach Deutsch, nur wenige Englisch.

---

[70] *Hohenloher Tagblatt* vom 16. September 2015.

Die in ihrem Beruf erfahrene Frau tat alles, um die Gäste ebenso gut zu versorgen wie sonst die deutschen Schulkinder, ließ im Speisesaal die Tische decken, auf jeden Tisch zum Frühstück Kaffee, Milch, Brot, Butter usw., zum Mittagessen Fleisch, Gemüse und Beilagen stellen und meinte, die armen Leute wären damit zufrieden. Aber da täuschte sie sich gewaltig. Die Probleme begannen am Morgen damit, daß sich die Fremden weigerten, das deutsche Brot zu essen; sie verlangten feines Weißbrot. Mittags waren sie nicht imstande, sich aus den auf den Tisch gestellten Schüsseln zu bedienen. Eine Frau griff zum Beispiel mit der Hand in die Salatschüssel, und alle übrigen weigerten sich, noch von diesem Salat zu essen. Vielen schmeckte es überhaupt nicht, und sie kippten das Essen auf ihren Tellern fast vollständig in die Mülltonne. Dabei war von vornherein streng darauf geachtet worden, daß ja kein Schweinefleisch auf den Tisch kam.

Am dritten Tag beschlossen die werten Gäste, in den Hungerstreik zu treten, und verlangten ein Büffet wie in einem Hotel. Das Personal begann sich zu fragen, ob es am nächsten Tag nicht auch streiken sollte. Ein Herr von der Kreisverwaltung wurde hinzugezogen, der eine Rede auf englisch hielt, die fast niemand verstand, und ordnete an, daß fortan ein Büffet bereitzustellen sei. Eine Catering-Firma wurde beauftragt, alles Nötige zu liefern, aber der Ärger hörte nicht auf. Die sich ans Büffet vordrängten, luden solche Berge auf ihre Teller, daß für die letzten nicht genug übrigblieb. (Die Hälfte der Portionen landete dann auch wieder im Müll.)

Eines Abends wußte sich die Heimleiterin nicht anders zu helfen, als daß sie Reste vom Mittagessen, die sie im Kühlschrank aufbewahrt hatte, wieder aufwärmte. Ein Mann, der schon ein wenig Deutsch konnte, wies es sofort zurück: »Das nix gut. Das von Mittag!« Großen Hunger litt er anscheinend nicht. Inzwischen hat die Kreisverwaltung zwei Küchencontainer aufstellen lassen, damit die Leute sich selber versorgen. Zu den normalen 130 Euro monatlich bekommen sie jetzt noch 140 Euro Verpflegungsgeld. (Geld spielt keine Rolle.) Wie sie damit zurechtkommen, wird man sehen.

Es gab so gut wie nichts, was man den Gästen hätte recht machen können: Die Zimmer waren ihnen nicht gut genug geheizt; da rissen sie die Thermostate von den Heizkörpern und verlangten vom Hausmeister, die gesamte Heizung stärker aufzudrehen. Die Kleider und Schuhe, die von Ortsansässigen gespendet und vom Roten Kreuz angeliefert wurden, gefielen ihnen oft nicht und wurden in die Ecken geschmissen. Fahrräder, Roller, Skateboards und Spielzeug, das gespendet worden war, landete wenig später im Wald, weil die Leute nicht damit umzugehen wußten. »Die machen alles kaputt«, kommentierte die Zeugin.

Ein Albaner, der die Zustände nicht mitansehen mochte, begann, dem deutschen Personal zur Hand zu gehen, Geschirr abzuräumen, den Boden zu fegen usw. Das muß einem Pakistani nicht gepaßt haben, denn wenige Tage später, als der Albaner wieder beschäftigt war, überfiel er dessen Frau, würgte sie am Hals und bedrohte sie mit einem Messer. Nun wurde es der Heimleiterin zu bunt, und sie rief die Polizei. Die kam auch, nahm die Personalien des Mannes auf und verschwand wieder, ohne ihn mitzunehmen, was die Leiterin nicht verstehen konnte.

Überhaupt verstehen sie und ihr Personal allmählich die Welt nicht mehr. Die einen klagen über Kopfweh, die anderen über Schlafstörungen, und alle miteinander hätten gute Lust, den Bettel hinzuschmeißen und die ewig unzufriedenen Gäste sich selbst zu überlassen.

In größeren Unterkünften und in ihrem Umkreis werden die Probleme gewissermaßen proportional größer. So wurde neulich in Ellwangen eine Frau vergewaltigt – wen wundert's! Die Mehrzahl der Flüchtlinge sind kräftige junge Männer, die nicht wissen, wohin mit ihrer Sexualität. Man zeigt ihnen nur den Weg zum nächsten Sozialamt. Warum denkt niemand daran, ihnen auch den Weg zum nächsten Bordell zu zeigen? Die Einheimischen, die bisher ihre halbwüchsigen Töchter einfach zur Schule gehen ließen, sehen sich jetzt veranlaßt, sie mit dem Auto hinzubringen und wieder abzuholen, damit sie auf dem Schulweg nicht täglich belästigt werden.

Mindestens einmal in der Woche wurde in der Sammelunterkunft Feueralarm ausgelöst, aber wenn die Feuerwehr anrückte, gab es nie einen Brand. Man wunderte sich zunächst über den groben Unfug, bis man herausfand, was dahinter steckte. Eine Diebesbande löste den Alarm aus, damit das Gebäude geräumt werden mußte, und bevor die Feuerwehr anrücken konnte, räumte sie die Schränke der Flüchtlinge aus: Geld, Kreditkarten, Schmuck, Handys und was sonst klein und wertvoll ist. Sie sammelten die Beute in Säcken, verschwanden durch einen Hintereingang und brausten mit einer schweren Limousine davon. Ein Feuerwehrmann sah, daß sie ein Günzburger Kennzeichen hatte. Aber die Bande wurde nicht gefaßt.

In Notzeiten gibt es erfahrungsgemäß immer Gauner, die von der Not der anderen profitieren. Dazu gehören in diesem Fall nicht nur die Schleuser, sondern auch andere Kriminelle. Die schaffen das! Aber ja! Und die deutsche Kanzlerin schafft es angeblich auch. Aber was ist es denn, was sie schaffen will? Ein anderes Deutschland?

»Man kann sich allmählich des Eindrucks nicht mehr erwehren, daß das deutsche Volk in einer für seine Identität existentiell wichtigen Frage überrumpelt und dabei quasi über Nacht (von einer einzigen Person) zu etwas gemacht werden soll, was es mit hoher Wahrscheinlichkeit gar nicht sein will. Die Bundeskanzlerin tut und spricht so, als gäbe es keine Alternative, als sei es bereits ausgemachte Sache, daß die Deutschen das vermeintlich Unausweichliche, die massenhafte Einwanderung von Menschen aus anderen Kulturkreisen und die damit einhergehenden Weiterungen, zu akzeptieren haben. . . Die Tatsache, daß Frau Merkel in der Flüchtlingsfrage demonstrativ bei ihrem Kurs bleibt, läßt den Schluß zu, daß sie (mittlerweile) tatsächlich ein anderes Deutschland will.«[71]

Nach dem Volksaufstand 1953 in der DDR hat Bert Brecht mit bitterböser Ironie vorgeschlagen, die Regierung möge doch das

---

[71] Dr. Detlev Malinkewitz, Leserbrief in der *FAZ* Nr. 234 vom 9. Oktober 2015.

Volk abschaffen und sich ein anderes wählen. Diese Idee scheint nun Frau Merkel völlig humorlos in die Tat umsetzen zu wollen. Das sagt sie natürlich nicht offen, vielmehr hat sie in einem Fernsehinterview im Oktober 2015 ganz harmlos erklärt, wenn sie den Flüchtlingen kein freundliches Gesicht mehr zeigen dürfe, »dann ist das nicht mein Land«. Man beachte das Possessivpronomen! Das Land gehört ihr offenbar ganz persönlich, was eine bekannte Tageszeitung zu der Frage veranlaßt hat: »Sie ist nicht der Staat – oder doch?«[72] Wahrscheinlich denkt sie nach zehnjähriger unangefochtener Regentschaft insgeheim doch: »L'état c'est moi.« Und sollte einst der für CDU-Anhänger unwahrscheinliche Fall eintreten, daß sie ihren Thron räumen muß, wird sie sagen: »Après moi le déluge!« (Nach mir die Sintflut!)

Aber darauf wird man noch warten müssen. Zwar hat es im Oktober 2015 in ihrer Partei ein hörbares Grummeln gegeben, und Außenstehende haben schon mit ihrem baldigen Sturz gerechnet, aber die kennen sie nicht. Wie man aus gewöhnlich gut unterrichteter Quelle erfährt, hat sie in der CDU ein engmaschiges »Spitzelsystem« aufgebaut. (Gelernt ist gelernt.) »Selbst aus Sitzungen von Bezirksvorständen bekommt sie Informationen. . . Sie (selbst) hat kein Vertrauen zu niemandem – vielleicht weil man auch zu ihr kein Vertrauen haben kann«, wie ein alter Weggefährte aus dem Osten meint.[73]

Was in dieser Frau vorgeht, bleibt rätselhaft. Vermutlich weiß sie gar nicht, daß sie dabei ist, jene Pläne zu verwirklichen, die in haßerfüllten amerikanischen Gehirnen in den frühen vierziger Jahren ausgebrütet worden sind, Pläne, die keinen anderen Zweck verfolgten, als »die deutsche Gefahr« ein- für allemal zu beseitigen. Und das bedeutete im Klartext nichts Geringeres, als die Deutschen als Volk auszulöschen.

---

[72] *FAZ* Nr. 239 vom 15. Oktober 2015.

[73] *Focus* vom 25. Juli 2004, (zitiert bei: Reuth u. Lachmann, aaO. (Anm. 43), S. 12 f.

So viele junge Männer, aber keine Frauen. Mit Berufung auf Statistiken des Kölner Kriminalkommissariats 13 meldete das Wochenmagazin *Focus*, daß 40 Prozent aller Asylbewerber aus dem Maghreb strafrechtlich auffällig geworden sind.

14.

Der große Strom

»Wer in den letzten Monaten in den Hauptnachrichten die abendlichen Bilder der Flüchtlingsströme gesehen hat, der wird keinen Zweifel daran haben, daß vorwiegend junge kräftige Männer den Weg nach Europa suchen... Klar ist zudem, daß junge Männer sexuelle Bedürfnisse haben.«

UDO ULFKOTTE

Im Orient brechen derzeit die Dämme. Ein Staat nach dem anderen bricht auseinander, und die Menschen fliehen vor dem Chaos. Das ist sehr verständlich, nur warum sich der Flüchtlingsstrom seinen Weg durch die Türkei und über den Balkan ausgerechnet nach Mitteleuropa bahnt, das bedarf einer Erklärung.

Am 2. September 2015 meldeten die Zeitungen, daß in einem Kühltransporter im österreichischen Parndorf 71 erstickte Flüchtlinge aufgefunden worden waren. Der Schleuser war ein Libanese mit bulgarischem Paß; das Fahrzeug hatte in Ungarn ein Zollkennzeichen erhalten. Fünf Bulgaren und ein Afghane mit ungarischen Dokumenten konnten als Mitglieder der Schleuserbande identifiziert werden.[74] Es waren die üblichen Verdächtigen auf der Balkanroute.

Zur selben Zeit, in den ersten Septembertagen, drängelten sich Tausende von Flüchtlingen aus Syrien auf dem Hauptbahnhof von Budapest. Es war klar, daß etwas unternommen werden mußte. Die deutsche Kanzlerin einigte sich daher mit dem österreichischen Kanzler Faymann darauf, die Gestrandeten ohne Formalitäten nach Deutschland durchzulassen. So kamen sie am Wochenende vom 5. auf den 6. September in München an. »Die Bilder des Wochenendes werden sich tief im Gedächtnis der Deutschen einprägen. Es sind Bilder von Tausenden von Flüchtlingen, die auf Bahnhöfen willkommen geheißen, umsorgt und gefeiert werden, nachdem sie sich zu Fuß auf den langen Marsch in das Land ihrer Träume gemacht hatten. Es wurde ihnen auf eine Weise geholfen, daß es wie eine Demonstration gegen die Behauptung wirkte, die

---

[74] *FAZ* Nr. 204 vom 2. September 2015.

deutsche Gesellschaft sei damit überfordert, so viele Migranten ins Land zu lassen. Die Szenen, die sich an vielen Orten der Republik abspielten, waren ›atemberaubend‹ und ›bewegend‹, wie die Bundeskanzlerin am Montag sagte. . . Doch dem Aufbruch folgte sogleich auch die Ernüchterung. Der Andrang der Flüchtlinge führte am Montag mancherorts in Deutschland an den Rand des Katastrophenalarms. Auch die größte Hilfsbereitschaft kann nicht darüber hinwegtäuschen, daß Deutschland im Ausnahmezustand landet, wenn sich die ›Ausnahme‹, wie Angela Merkel die Entlastung einer unwilligen Regierung in Ungarn genannt hatte, um die CSU zu besänftigen, in die Länge ziehen sollte.«[75]

Die Sache zog und zieht sich in die Länge, wie man inzwischen weiß. Bis Ende des Jahres 2015 drängten rund 1,1 Millionen Flüchtlinge nach Deutschland. Wohin mit so vielen Menschen? Die Ungarn, die am Ende der Balkanroute sitzen, begriffen als erste, was sich da abzeichnete. Ministerpräsident Orbán schrieb schon am 3. September in einem Beitrag für die *Frankfurter Allgemeine Zeitung*: »Wir sehen Tag für Tag, daß Hunderttausende aufbrechen und hier an unsere Grenzen klopfen, und es sind noch Millionen, die aus wirtschaftlichen Beweggründen die Richtung nach Europa einschlagen können. Die Einwanderung ist inzwischen auch zu einer ergiebigen geschäftlichen Unternehmung geworden, in der sich gefährliche und hemmungslose Verbrechergruppe angesiedelt haben. Es ist erstaunlich – was die österreichische *Kronenzeitung* berichtet –, daß internationale Schmugglerbanden seit dem Jahr 2000 knapp 16 Milliarden Euro aus der Beförderung von illegalen Migranten eingenommen haben, während als Folge ihrer Geschäftemacherei fast 30 000 Menschen gestorben sind. Es ist unmenschlich, was auf hoher See, auf den Straßen, an unseren Grenzen geschieht, und es ist Irrsinn, was Europa macht.«[76]

---

[75] Jasper von Altenbockum, »Ein nationaler Kraftakt«, in: *FAZ* vom 8. September 2015.

[76] Viktor Orbán, »Wer überrannt wird, kann niemanden aufnehmen«, in: *FAZ* Nr. 204 vom 3. September 2015.

Die Deutschen brauchten etwas länger, bis sie den Irrsinn erkannten. Vor allem ihre Kanzlerin sträubte sich in der ihr eigenen Dickköpfigkeit gegen die Erkenntnis, daß sie einen kapitalen Bock geschossen hatte. »Warum hat die Bundeskanzlerin alle Flüchtlinge eingeladen, nach Deutschland zu kommen? Vielleicht will Angela Merkel das so nicht gesagt oder gemeint haben, doch genau so ist die Kanzlerin in Arabien, Afrika und Asien verstanden worden. Wenige Tage, nachdem Merkels Worte den Flüchtlingsstrom beschleunigten und vergrößerten, führt Deutschland wieder Grenzkontrollen ein. Sieht so eine Politik aus, bei der alles vom Ende her bedacht wird?. . . Sollte Merkel im Überschwang der Gefühle wirklich geglaubt haben, Deutschland könne die noch lange währenden und aus demographischen Gründen noch größer werdenden Wanderungen im Alleingang bewältigen (›wir schaffen das‹)? Von der Macht des Faktischen am Münchner Bahnhof (und der CSU) ist sie jedenfalls eines besseren belehrt worden. Jetzt ist die Union sogar bereit für ein Einwanderungsgesetz.«[77]

Dieses Einwanderungsgesetz gibt es immer noch nicht, dafür ein Asylpaket I und jetzt sogar ein lange umstrittenes Asylpaket II. Es ist eben alles durcheinander geraten: Einwanderungspolitik, Asylpolitik, Bleiberecht aus humanitären Gründen, Genfer Flüchtlingskonvention, Dubliner Übereinkommen usw. Wer kennt sich da noch aus? Womöglich nicht einmal die Bundesregierung. Grenznahe Transitzonen, von der CSU gefordert, werden von der SPD abgelehnt, und die Kanzlerin laviert auf gewohnte Weise zwischen allen Möglichkeiten, bis auch die letzte verspielt ist.

Ende September wurden täglich 10 000 Flüchtlinge durchgeschleust, ein großer Teil ohne Erfassung der Personalien, was schon deshalb kaum möglich war, weil viele ohne Papiere oder mit gefälschten Dokumenten erschienen. Während der CDU-Fraktionsvorsitzende Kauder Anfang September noch mit 800 000 Flücht-

---

[77] Holger Steltzner, »Merkels Kehrtwenden«, in: *FAZ* Nr. 214 vom 15. September 2015.

lingen rechnete und voraussagte, davon würden etwa 500 000 bleiben, waren diese Zahlen Ende des Monats bereits Makulatur. Sie stiegen unaufhaltsam, und woher Kauder die Zuversicht nahm, 300 000 würden Deutschland wieder verlassen, blieb sein Geheimnis.

Bis Ende November wurden 965 000 Personen registriert, aber das Bundesamt für Migration und Flüchtlinge (Bamf) konnte bis dahin nur über 240 000 Anträge auf Asyl entscheiden. Bayern, das am Ende der Balkanroute liegt und für die meisten Flüchtlinge das Einfallstor nach Deutschland bildet, beauftragte den ehemaligen Verfassungsrichter Udo Di Fabio mit der Erstellung eines Gutachtens, das dieser im Januar 2016 vorlegte. Darin stellte dieser fest, »daß ›im europäischen Gefüge eine besorgniserregende Spannungslage eingetreten‹ sei. Der gemeinsame Raum der Freiheit, der Sicherheit und des Rechts ist demnach ›akut gefährdet und eine rechtmäßige Behandlung Einreisewilliger ist ebenso wenig gewährleistet wie die vorgeschriebene Unterbringung und Verteilung von Menschen, denen aus humanitären Gründen ein Bleiberecht zusteht‹. Die im europäischen System vorgesehene faire Verteilung der Lasten ›stößt sich hart im Raume mit den politischen Bedingungen mitgliedstaatlicher Demokratien‹. Insofern bedeute die Migrationskrise – einschließlich der durch das Verhalten der Bundesregierung möglicherweise (mit)verursachten Entwicklung – ›eine exzeptionelle Erschütterung des europäischen Verbundsgefüges‹«. Und er forderte, »eine funktionsfähige, vertragsgemäße europäische Grenzsicherung (wieder)herzustellen und ein System kontrollierter Einwanderung mit gerechter Lastenverteilung zu erreichen«.[78] Aber davon ist Europa derzeit meilenweit entfernt. Deutschland hat den Krieg verloren, also soll es auch die Lasten Europas tragen. (Das wird selbstverständlich nie gesagt, aber nach diesem Schema läuft es nun einmal.)

---

[78] Reinhard Müller, »Exzeptionelle Erschütterung«, in: *FAZ* Nr. 10 vom 13. Januar 2016.

Es ist nicht zu leugnen, daß Frau Merkel Deutschland in diese Rolle bugsiert hat, was Franzosen ungeniert rügen. Ein früherer Berater Präsident Sarkozys, der Abgeordnete Henri Guaino, hat schon im September 2015 erklärt, die Berliner Beschwerden über mangelnde Kooperation seien unangebracht, wörtlich: »Angela Merkel hat unilaterale Entscheidungen getroffen, unilaterale Ankündigungen gemacht, und jetzt beschwert sie sich über mangelnde Kooperation. Das ist ein starkes Stück.«[79]

Man mag es drehen und wenden, wie man will: Das Unheil, das über Deutschland hereinbricht, ist kein Schicksalsschlag, sondern das Ergebnis eines katastrophalen Versagens der deutschen Politik. Hier stimmt wieder einmal, was der berühmte französische Minister Talleyrand nach einem Debakel einmal gesagt hat: »Das war kein Verbrechen; es war viel schlimmer: Es war ein Fehler.« Aber Fehler sollte man irgendwann einsehen. Ob die Deutschen und ihre Kanzlerin in absehbarer Zeit dazu fähig sind, wird man abwarten müssen.

Einen ersten Blitz der Erleuchtung hat der Silvesterskandal von Köln auf die verfahrene Situation geworfen. Da wurde schlagartig klar, daß das mit der vielbeschworenen Integration doch nicht so einfach wird. Dieser Schock war wohl nötig, damit den verschlafenen Deutschen endlich die Augen aufgehen. Aber wie üblich wurde zunächst einmal vertuscht: Es hieß, die Übergriffe hätten nichts mit den Flüchtlingen zu tun; kurz danach war von »nordafrikanisch und orientalisch aussehenden Männern« die Rede, bis dann endlich die Tatsachen offengelegt wurden: »Bei den 31 namentlich bekannten Tatverdächtigen handle es sich um neun Algerier, acht Marokkaner, fünf Iraner, vier Syrer, einen Iraker, einen Serben und einen Amerikaner, außerdem zwei Deutsche. 18 der 29 Ausländer seien Asylbewerber.«[80] Daß es da doch einen

---

[79] Michaela Wiegel, »Nach dem kurzen Techtelmechtel«, in: *FAZ* vom 17. September 2015.

[80] Günter Bannas, »Die dementierte Kanzlerin«, in: *FAZ* Nr. 7 vom 9. Januar 2016.

Zusammenhang zwischen Zuwanderung und Kriminalität gibt, wurde also klar. Auffällig war nur, daß es sich hauptsächlich um Nordafrikaner handelte, und der verwunderte Zeitungsleser bemerkte, daß es nicht nur um Kriegsflüchtlinge aus Syrien ging, sondern auch um andere seltsame Fische, die im großen Strom mit schwammen.

Wenn wir einmal bei diesem Bild bleiben: Solche Fische tummeln sich auch gern in öffentlichen Schwimmbädern, zum Beispiel in München. »Am vergangenen Donnerstag stand das Michaelibad zum zweiten Mal innerhalb weniger Wochen im Polizeibericht. Am 3. Februar haben dort demnach drei afghanische Asylbewerber zwei vierzehnjährige Französinnen angefaßt. Sie griffen an Brüste und Oberschenkel. Die Mädchen wandten sich an den Bademeister, der verständigte die Polizei. . . Der andere Fall dieser Art ereignete sich am Abend des 9. Januar gegen 19.45 Uhr. Im Außenbecken und an der Wasserrutsche soll es zu sexuell motivierten Übergriffen gekommen sein. Sogar der Verdacht der Vergewaltigung stand zunächst im Raum. Inzwischen ermittelt die Staatsanwaltschaft München gegen drei Fünfzehnjährige wegen des Verdachts der sexuellen Nötigung. Einer der Tatverdächtigen ist laut Staatsanwaltschaft syrischer Staatsangehöriger, die beiden andern kommen aus Afghanistan.«[81]

München hat einen Ausländeranteil von etwa 25 Prozent, bei den Sexualdelikten jedoch beträgt dieser Anteil 46,2 Prozent, ist also fast doppelt so hoch. Das ist kein Zufall, denn junge orientalische Männer haben in ihren Herkunftsländern kaum eine Möglichkeit, ihre Sexualität auszuleben, da die Mädchen bis zu ihrer Hochzeit Jungfrauen bleiben müssen und vor- sowie außerehelicher Geschlechtsverkehr in vielen Ländern barbarisch bestraft werden. »Die Männer werden immer älter, bis sie genug Geld haben, um heiraten zu können. So sind Generationen sexuell

---

[81] Karin Truscheit, »Das Berühren der Figüren mit den Pfoten ist verboten«, in: *FAZ* Nr. 32 vom 8. Februar 2016.

frustrierter Männer herangewachsen.«[82] Die rasten natürlich schnell aus, wenn sie leicht bekleidete Frauen sehen. Und so importiert Deutschland nun zu allen übrigen Problemen der orientalischen Gesellschaften auch noch ihre sexuellen. Was für eine Bereicherung!

Niemand leugnet, daß im Irak und vor allem in Syrien Zustände herrschen, welche Menschen um Leib und Leben fürchten lassen und in die Flucht treiben. Trotzdem wird man fragen dürfen, warum sie ausgerechnet nach Deutschland fliehen, das nicht gerade in der Nähe Syriens liegt. Und welche Verpflichtungen sollten gerade die Deutschen empfinden, die an dem ganzen orientalischen Durcheinander gewiß keine Schuld tragen. Es waren doch die Engländer und Franzosen, die sich im Sykes-Picot-Abkommen von 1915 gegenseitig orientalische Territorien zuschanzten, die ihnen nicht gehörten. Sie haben doch jene unhistorischen und unnatürlichen Staatsgrenzen gezogen, die weder auf Volks- noch auf Religionszugehörigkeit Rücksicht nahmen. Und waren es nicht die Amerikaner, die in zwei brutalen Golfkriegen den Irak zerstört haben? Schließlich haben wieder Franzosen und Engländer den Sturz Ghaddafis herbeigeführt und Libyens Zerfall gefördert. Kurzum: Die Westmächte haben das Gefüge des Vorderen Orients zerrüttet. Wieso weigern sie sich jetzt, die Folgen zu tragen, und überlassen die ganze Last den Deutschen?

Einem vergleichbaren Ansturm wie diesem sind nur die Österreicher und die Schweden ausgesetzt. Aber gerade Schweden, das bis vor kurzem für seine großzügige Aufnahme von Fremden gerühmt wurde, vollzieht eine Kehrtwende und will von den 163 000 Flüchtlingen, die es 2015 aufgenommen hat, 80 000 wieder ausweisen. Das wird jedoch nicht so leicht sein, wenn es keine Rückführungsabkommen mit den Herkunftsländern gibt oder diese nicht bereit sind, sie einzuhalten.

Wie schwierig es ist, Flüchtlinge zurückzuschicken, erlebt derzeit Griechenland. Es hat bereits 2002 ein Rückführungsabkom-

---

[82] Rainer Hermann, »Arabische Domplatte«, in: *FAZ* Nr. 9 vom 12. Januar 2016.

men mit der Türkei geschlossen. 2015 übermittelten nun die Griechen der Türkei 11 000 Anträge auf Rückführung, von denen die Türken nur 2000 akzeptierten. Als es dann aber an die Durchführung ging, konnten nur 8 Personen (in Worten: acht) überstellt werden! Die übrigen waren längst aus Griechenland verschwunden – Richtung »Germany«. Fazit: Von 800 000 Menschen, die in einem Jahr aus der Türkei hauptsächlich auf die griechischen Inseln geflüchtet waren, wurden 8 zurückgeführt. Verhältnis 1 : 100 000. (Das erinnert an einen mittleren Kartenmaßstab, wobei 1 cm auf der Karte = 1 km in der Natur darstellt.)

Was aber meint die deutsche Kanzlerin dazu? In einem Vortrag in Neubrandenburg erklärt sie an die Adresse der Flüchtlinge: »Wir erwarten, daß, wenn wieder Frieden in Syrien ist und wenn der IS im Irak besiegt ist, daß Ihr auch wieder mit dem Wissen, was Ihr jetzt bei uns bekommen habt, in Eure Heimat zurückgeht.«[83] Sancta simplicitas! Auf welchem Planeten lebt diese Frau? Glaubt sie im Ernst, die orientalische Krise ginge vorüber wie eine mittelschwere Grippe, und dann könnte man wieder zur Tagesordnung übergehen? Die Friedenskonferenz in Genf ist schon am ersten Verhandlungstag für einige Wochen ›unterbrochen‹ worden, weil man sich nicht einmal über die Teilnehmer einigen konnte. Selbst wenn sie tatsächlich fortgesetzt wird, sind ihre Erfolgsaussichten minimal. Und sollte es dann doch ein Abschlußdokument geben, wäre noch lange nicht garantiert. daß es auch eingehalten würde. Also: »wäre, hätte, Fahrradkette!«

Seit Beginn des großen Flüchtlingsstroms ist viel von Integration die Rede: Die Syrer sollen erst einmal ordentlich Deutsch lernen und eine Ausbildung machen und sich deutschen Gebräuchen anpassen, und sobald sie einigermaßen ›angekommen‹ sind, sollen sie nach dem Willen der Kanzlerin wieder heimkehren. Bescheidene Frage: Warum sollten sie das tun?

---

[83] *FAZ* Nr. 26 vom 1. Februar 2016.

Die von den Globalisten angestrebte und von den Gutmenschen gutgeheißene Auflösung der ethnischen Homogenität in den einzelnen Nationalstaaten im Namen der ›Menschenrechte‹ bedeutet den langsamen Wärmetod für das jeweilige Volk. Foto: Peter Endig.

15.

Der Irrtum der Gutmenschen

»Dadurch, daß ein Volk nicht mehr die Kraft oder den Willen hat, sich in der Sphäre des Politischen zu halten, verschwindet das Politische nicht aus der Welt. Es verschwindet nur ein schwaches Volk.«

CARL SCHMITT

Als Frau Merkel Anfang September 2015 die Grenzen öffnete, jubelte der Kölner Kardinal Woelki: »Deutschland leuchtet.« So kann man das natürlich auch sehen, wenn die Hütte brennt – und wenn man meint, ein längst entchristlichtes Land könne zum Christentum zurückfinden, indem es den barmherzigen Samariter gibt. Aber lesen wir diese Geschichte im Evangelium ganz nüchtern; da heißt es: »Ein Mann ging von Jerusalem nach Jericho hinab und fiel unter die Räuber. Diese plünderten ihn aus, schlugen ihn wund, gingen weg und ließen ihn halbtot liegen. Zufällig kam ein Priester des Weges; er sah ihn und ging vorüber. Ebenso ein Levit: er kam an jenen Ort, sah ihn und ging vorüber. Ein reisender Samariter aber, der in seine Nähe kam, sah ihn und ward von Mitleid gerührt. Er ging hinzu, verband seine Wunden und goß zugleich Öl und Wein darauf. Dann setzte er ihn auf sein Reittier, brachte ihn in die Herberge und sorgte für ihn. Am andern Tag zog er zwei Denare heraus und gab sie dem Herbergswirt mit den Worten: Sorge für ihn, und was du noch darüber aufwendest, will ich dir bezahlen, wenn ich zurückkomme.« (Lk 10, 30–35).

Da ist von einem Menschen die Rede, der einem anderen in einer aktuellen Notlage zu Hilfe kommt und ihn notdürftig versorgt. Aber was weiter? Hat er ihn mit nach Hause genommen? Hat er ihn jahrelang bei sich beherbergt und verköstigt? Hat er ihm erlaubt, daß seine Familie nachkommt, Frau und Kinder, Eltern und Geschwister? Nichts dergleichen! Das Gleichnis, das Jesus erzählt, beweist eher das Gegenteil von dem, was jetzt von katholischer wie evangelischer Seite gefordert wird: daß man jedem, der auf der weiten Welt in Not ist, den Weg nach Deutschland ebnen und ihn mit allem versorgen müsse, was er nur wünscht. Was den Weg anbelangt, das besorgen bekanntlich die Schlepperorganisationen, die bemerkt haben, daß man mit Menschenhandel mehr Geld kassieren kann als selbst mit Drogen- und Waffenschmuggel.

Wahrscheinlich geht es Frau Merkel gar nicht um praktiziertes Christentum, auch wenn sie aus einem protestantischen Pfarrhaus stammt. »Zur Prägung durch dieses Elternhaus sagt Angela Merkel: ›Ein Mensch wird nicht dadurch gläubig, daß er im Pfarrhaus aufwächst. Aber natürlich wurden mir dadurch manche ethische Grundsätze vermittelt.‹ Vielleicht gründen diese gegenüber den Dingen des Glaubens etwas distanziert anmutenden Sätze ja in der Widersprüchlichkeit, die diesem Elternhaus anhaftete, einem Elternhaus, in dem die Familie einerseits das Tischgebet sprach und gleichzeitig einer Macht anhing, welche die Dogmen ihrer Partei zur einzig wahren Religion erhob. Horst Kasner verkündete das Himmelreich Gottes, aber er setzte auf die sozial gerechte und klassenlose Zukunftsgesellschaft auf Erden. Er war berufen, die Menschen zum Schöpfer zu führen, aber er verrichtete das Werk jener Ideologie, die letztendlich jedwede Hinwendung zu Gott als Abkehr wertete und die Kirche in unverhohlener Absicht allein für ihre Zwecke benutzte, um sie am Ende zu zerstören. Doch mit diesem Widerspruch, in dem etwas Schizophrenes liegt, lebten damals viele Kirchenleute, die sich mit dem SED-Staat eingelassen hatten.«[84]

Ist das nicht geradezu gespenstisch: ein Pastor, der nichts gegen die Zerstörung seiner eigenen Kirche hat, und seine Tochter, die als Bundeskanzlerin die Zerstörung des Volkes in Kauf nimmt, das sie regiert? Liegt da nicht in beidem »etwas Schizophrenes«? Immerhin ist Frau Merkel auch die Vorsitzende einer Partei, die sich ›christlich‹ nennt. Aber da ist es wohl ähnlich wie mit dem Christstollen; der muß auch nicht christlich sein, bloß weil er so heißt. Auch in der CDU scheint vom Christentum nicht viel mehr

[84] Reuth/Lachmann, *Das erste Leben der Angela M.*, aaO. (Anm. 43), S. 65.

übriggebleiben zu sein als das modische Gutmenschentum, und ob die Zuwanderer nun christlich oder muslimisch sind, spielt dabei keine Rolle. Der Kölner Silvesterskandal und die Übergriffe auf deutsche Frauen haben nun zwar einigen die Augen geöffnet, aber doch nicht so weit, daß sie die tieferen Ursachen davon erkennen könnten.

Die Franzosen sind da schon ein gutes Stück weiter, da sie einerseits als Kolonialherren über Nord- und Westafrika, andererseits als Nachbarn von Millionen von Muslimen (vor allem seit dem Verlust Algeriens) genügend Erfahrungen mit ihnen gesammelt haben. Man hält die Deutschen für naiv, wenn sie meinen, so viele Muslime ließen sich integrieren. »Claude Habib, eine. . . Professorin an der Pariser Sorbonne, schreibt Frankreich gerade in letzterem Punkt (d. h. Integration) süffisant eine langjährige Erfahrung zu und bemerkt in ihrem Beitrag für die Zeitung *Le Monde* dann aber lapidar, daß die vielzitierte Bildung keine Erfolge gebracht habe, wie man im eigenen Land ja sehen könne: ›Die Feindseligkeit gegenüber der Geschlechtervielfalt ist intakt.‹ Und zwar nicht nur bei Islamisten, sondern auch bei jenen freundlichen arabischen Lebensmittelhändlern, deren Läden in den großen Städten bis spät in die Nacht geöffnet, aber in den Abendstunden stets von Männern, nie von Frauen geführt seien. Überhaupt hätten französische Frauen viel früher als die deutschen gelernt, daß es in gewissen Zonen zu bestimmten Zeiten eben gelte, die Blicke zu senken und die Röcke gegen Hosen zu tauschen. ›Die verlorenen Gebiete der Republik sind zunächst für die Frauen verloren gegangen‹, schreibt Habib.«[85]

»Die vielzitierte Bildung«, auf die man in Deutschland so große Hoffnungen setzt, hat also in Frankreich kaum eine positive Wirkung gehabt. Alle Attentäter von Paris waren durch das französische Schulsystem gegangen und sprachen perfekt Französisch,

---

[85] Lena Bopp, »Ein Hauch von Häme«, in: *FAZ* Nr. 30 vom 5. Februar 2016.

aber sie kamen aus Familien, »die Frankreich hassen«, wie der Islamforscher Gilles Kepel festgestellt hat.[86] »Ähnlich unsentimental (wie Claude Habib) und sogar mit einem Hauch von Häme faßte auch der Philosoph Alain Finkielkraut die Reaktionen auf die Silvesternacht zusammen, die Deutschland, nach dem vorangegangenen Willkommensrausch, mit einem heftigen Kater habe erwachen lassen. Die Deutschen hätten die Ankunft der Flüchtlinge als Gelegenheit zur Tilgung eines Schandflecks gesehen. ›Hitlers Deutschland verherrlichte die Lebenskraft, Merkels Deutschland ergreift Partei für die Schwachen‹, sagte er in einem Interview. Nun müßten sie feststellen, daß Migranten aber mehr seien als nur mittellos und Reisende ohne Gepäck. ›Einer großen Zahl‹ von ihnen unterstellt er, nicht ›die leiseste Absicht‹ einer Anpassung an die Sitten und grundlegenden Rechte westlicher Gesellschaften zu haben. Köln habe uns entdecken lassen, so zitiert Finkielkraut den Politiker Jean-Louis Bourlanges, was ein ›Zusammenstoß der Zivilisationen im Alltag‹ bedeute.

Diesen Zusammenstoß hat auch der algerische Schriftsteller Kamel Daoud beobachtet, im Gegensatz zu allen anderen allerdings aus einer Perspektive, die den auch von ihm so genannten ›Anderen‹ die Gnade einer eigenen Kultur zuteil werden läßt. Sie sei es vor allem. . ., die dem Flüchtling angesichts der Entwurzelung und dem auch von ihm als solchem empfundenen Schock in der neuen Zivilisation bleibe. Asyl bedeute, nicht nur Körper zu retten, sondern auch Seelen zu heilen. Worauf er diese Heilung bezieht, erläuterte der Autor. . . in einem ebenso deutlichen wie sarkastischen Kommentar für das Magazin *Le Point*: Man mache sich keine Vorstellung von der ›großen sexuellen Misere‹ der muslimischen Länder. Die unerträgliche Spannung zwischen der Verschleierung im Diesseits und der versprochenen Orgie im Jenseits löse sich entweder durch Aggression und Explosion oder durch

---

[86] Michaela Wiegel, »Tausende, die Frankreich hassen«, in: *FAZ* Nr. 266 vom 16. November 2015.

Verleugnung und Verschleierung. ›In den Ländern Allahs ist der Sex ein Versprechen durch den Tod, nicht durch die Liebe, und die Sexualität ist ein Verbrechen, es sei denn, sie ist durch die Religion kodifiziert und als irdisches Verlangen folglich getötet.‹«[87]

Aus französischer Sicht sind die Deutschen, wie gesagt, Naivlinge, die das Problem der Masseneinwanderung völlig unterschätzt haben; außerdem sind sie, wie Finkielkraut richtig sieht, Hitlergeschädigte: Sie müssen immer das Gegenteil machen von dem, was Hitler gemacht hat, um sich und aller Welt zu beweisen, daß sie sich zum Guten geändert haben und völlig geläutert sind. Aber sie überschätzen sich gewaltig, wenn sie sich nun einbilden, sie könnten als Leuchtturm der Humanität der Menschheit den Weg in eine Welt des Friedens und der Harmonie weisen. Da spielen nicht einmal die anderen Europäer mit; denn von den 160000 Flüchtlingen, die nach einem EU-Konzept von Ende September auf die Mitgliedsstaaten verteilt werden sollen, sind, wie man hört, bisher nur einige hundert tatsächlich aufgenommen worden. Vor allem die Vischegrad-Gruppe (Polen, Tschechei, Slowakei, Ungarn) weigert sich konsequent, ihre Quote zu erfüllen.

In einem bemerkenswerten Aufsatz hat Prof. August Heinrich Winkler gewarnt: »Wir Deutschen haben allzu lange den Eindruck hingenommen, als könnten wir, wenn schon nicht allen Mühseligen und Beladenen, so doch den politisch Verfolgten dieser Welt eine Heimstatt bieten. Aber erstens ist das heutige Deutschland, anders als die Vereinigten Staaten im 19. Jahrhundert, nicht ein Land der unbeschränkten, sondern nur der beschränkten Möglichkeiten. Und zweitens sind gerade wir Deutschen gut beraten, wenn wir uns nicht wie früher einmal die Amerikaner als ›Erlösernation‹ (*redeemer nation*) darstellen.«[88]

---

[87] Lena Bopp, aaO. (Anm. 85).

[88] August Heinrich Winkler, »Das Undenkbare denken«, in: *FAZ* Nr. 225 vom 28. September 2015.

Dabei sollte man auch nicht vergessen, daß die Auswanderer aus Europa auf Staten Island keineswegs mit Blumen und Spielzeug für ihre Kinder empfangen, sondern zunächst unter Quarantäne gestellt wurden. Es gab auch keine Erinnerungsfotos mit dem amerikanischen Präsidenten. Vor allem aber wurden sie nicht von einem Sozialsystem aufgefangen, wie es das heutige Deutschland kennt, sondern mußten harte Jahre durchstehen, bevor sie auch nur zu bescheidenem Wohlstand gelangten. Und viele haben es nicht geschafft und sind elend zugrunde gegangen.

»Zur deutschen Verantwortung gehört, daß wir uns von der moralischen Selbstüberschätzung verabschieden, die vor allem sich besonders fortschrittlich dünkende Deutsche aller Welt vor Augen geführt haben. Den Gegensatz zwischen edlem Wollen und beschränktem Können aufzuheben wird uns auch nicht gelingen. Er ist auf tragische Weise unaufhebbar. Der Glaube, wir seien berufen, gegebenenfalls auch im Alleingang, weltweit das Gute, zumindest in Form des Asylrechts, zu verwirklichen, ist ein Irrglaube, der nicht zu unserer Lebenslüge werden darf. Jeder Versuch, aus dem schrecklichen Kapitel der deutschen Geschichte eine Sondermoral abzuleiten, führt in die Irre und ist zum Scheitern verurteilt.«[89]

Es geht aber auch noch um etwas anderes. Angenommen, die Deutschen schafften es wirklich, Millionen von Orientalen zu integrieren, würde dann Deutschland noch Deutschland bleiben? »Deshalb ist der Satz der Bundeskanzlerin, das Grundrecht auf Asyl kenne keine Obergrenze, so fatal. Sie fügte hinzu, das gelte auch für ›die aus der Hölle eines Bürgerkriegs zu uns kommen‹. Doch abgesehen davon, daß kein Grundrecht eine ›Obergrenze‹ kennt: Das ist – zusammen mit dem berüchtigten Signal der Kanzlerin ›Wir schaffen das‹ – eine Einladung an alle Beladenen dieser Erde, in Deutschland Aufnahme zu finden.

Es gibt nur eine völkerrechtliche Pflicht: Verfolgte nicht dorthin zurückzuschicken, wo ihnen Verfolgung droht. Schon die

---

[89] Winkler, ebenda.

Aufnahme von Kriegsflüchtlingen ist eine freiwillige Maßnahme. Das Zeichen an die Welt muß lauten: Deutschland hilft in der Not – dazu muß es aber Deutschland bleiben. Dieser Staat kann nur seine humanitären Pflichten erfüllen, solange er funktioniert. Wenn ihm die Herrschaft über Volk und Gebiet entgleitet, ist es vorbei.«[90]

Der Träger der staatlichen Ordnung ist nun einmal ein Staatsvolk. Wenn nun aber dieses Volk teils durch Bevölkerungsschwund, teils durch unkontrollierte Zuwanderung so verändert wird, daß es seine Identität verliert, wer ist dann der Souverän? In allen Demokratien gilt bekanntlich nicht die Regierung, sondern das Volk als der wahre Souverän. Wenn also dieses Volk allmählich verschwindet, hängt der Staat förmlich in der Luft und wird ebenso zu einem gescheiterten Staat wie jene, aus denen zur Zeit die meisten Flüchtlinge kommen.

So droht Europa insgesamt, Deutschland aber ganz besonders in den Strudel der orientalischen Turbulenzen hineingezogen zu werden: in den Konflikt zwischen Türken und Kurden, zwischen Muslimen und Christen, zwischen Sunniten und Schiiten usw. Und welche Macht könnte dieses Chaos noch beherrschen? Amerika hat nicht den Willen dazu, und Rußland ist dabei, alles noch schlimmer zu machen. Die Europäer sind geradezu dazu verdammt, ihren Laden selbst in Ordnung zu bringen. Aber an dieser Aufgabe drohen sie nun spektakulär zu scheitern, teils aufgrund ihrer Uneinigkeit, teils aufgrund der heillosen Geistesverwirrung ihrer immer noch führenden Nation, der Deutschen. Ihr heroischer Hang zur Selbstverleugnung bis hin zur Selbstaufgabe läßt in der Mitte des alten Kontinents ein Vakuum entstehen, das unverkennbar die Gefahr einer Implosion Europas birgt.

Und was hat Angela Merkel, die große Staatenlenkerin, dazu zu sagen? Nach einer Fraktionssitzung der CDU Ende Januar, in

---

[90] Reinhard Müller, »Deutschland muß Deutschland bleiben«, in: *FAZ* vom 12. September 2015.

der sie eine Zwischenbilanz ankündigte, erklärte sie zur Verblüffung der Journalisten: »Zwischenbilanz bedeutet nicht, daß andere Ideen in meinen Kopf kommen.«[91] Während die Tore Europas sperrangelweit offen stehen, ist der Kopf der Kanzlerin offenbar eine Festung, zu der neue Ideen keinen Zutritt haben. Was für eine Katastrophe!

Natürlich wird da von verstörten Zeitgenossen sogleich die rhetorische Frage gestellt: Sollen wir denn Europa zu einer Festung ausbauen? und gleich geantwortet: Das ist doch unmöglich! – Ach ja? Haben die noch nie etwas von einem Eisernen Vorhang gehört, der Europa jahrzehntelang geteilt hat? In der ehemaligen DDR gibt es doch sicherlich noch ein paar Spezialisten, die wissen, wie man einen ›antikapitalistischen Schutzwall‹ baut. Es müßte ja nicht so aufwendig sein wie die ehemalige Zonengrenze. Ein Zaun aus Nato-Draht genügt ja, wie die Ungarn erst neulich bewiesen haben.

Es geht in der Welt nun einmal nicht ohne Grenzen. So wie jeder menschliche Körper seine Haut hat, die ihn gegen die Außenwelt abschirmt, so benötigt jeder Staat eine Grenze, ohne die er zwangsläufig zerfällt. In einer Reportage über die russisch-chinesische Grenze am Amur wurde ein russischer Grenzoffizier gefragt, was denn seine Aufgabe sei. Da antwortete er schlicht und einfach: »Ein Staat hat eine Grenze. Und die muß verteidigt werden.« Der Mann sollte dieses Geheimnis doch einmal der deutschen Kanzlerin verraten!

---

[91] *FAZ* Nr. 29 vom 4. Februar 2016.

Neugeborene in Cottbus. Wenn ein demographischer Prozeß ein Vierteljahrhundert in die falsche Richtung läuft, dauert es ein Dreivierteljahrhundert, um ihn zu stoppen.
Foto: dpa

16.

Worum es geht

»Wir reden nur unter allgemeinen, humanitären Gesichtspunkten über Flüchtlinge und Asylbewerber beziehungsweise über den Bedarf an Arbeitskräften. Niemand stellt sich dem Problem, daß die im Inland fehlenden Geburten nicht auf Dauer durch die Geburten anderer Länder kompensiert werden können. Eine neue Demographiepolitik müßte jedoch schnell umgesetzt werden. Denn die demographische Uhr tickt unbarmherzig.«

HERWIG BIRG

Die etablierten Parteien fürchten das Aufkommen einer neuen Partei rechts von CDU/CSU. Das ist verständlich, zeigt aber nur, daß sie nichts begriffen haben. Die Geheimdienste und der Verfassungsschutz befürchten Anschläge des Islamischen Staates auch in Deutschland. Dafür gibt es Anzeichen, aber auch das ist nicht die größte Gefahr. Worum es geht, ist die Frage, wie lange die Deutschen noch Herr im eigenen Hause sind und ob sie nicht demnächst zur Minderheit im eigenen Land werden. Das aber hängt nicht allein von der Masse der Zuwanderer ab, die hereinströmen, sondern von der demographischen Entwicklung, im Klartext: von der Frage, ob die Deutschen noch bereit und imstande sind, genügend Kinder in die Welt zu setzen.

Um eine Bevölkerung stabil zu halten, gilt eine Geburtenrate von 2,1 pro Frau als notwendig. Gegenwärtig liegt die Rate in Deutschland bei 1,47, und das ist sogar die höchste seit der Wiedervereinigung! 1964, zur Zeit des letzten ›Babybooms‹, wurden noch 1,3 Millionen Kinder geboren, 2014 nur noch etwa die Hälfte davon. Gewiß, es gab den ›Pillenknick‹ um 1970 und dann den schlagartigen Rückgang der Geburtenzahlen in der ehemaligen DDR nach der Wiedervereinigung. (Das Vertrauen der ›Ossis‹ auf eine bessere Zukunft scheint nicht gerade groß gewesen zu sein.) In den wirklich schweren Zeiten der dreißiger und vierziger Jahre wurden dagegen viele Kinder geboren; als in den fünfziger Jahren der Wohlstand ausbrach, gingen die Zahlen schon zurück. Die Deutschen wurden »fett und impotent«, wie Churchill es sich gewünscht hatte.

Nun könnte man zynisch werden und sagen, daß ja die potenten jungen Männer aus dem Orient den deutschen Frauen wieder

Nachwuchs verschaffen könnten, aber wären das dann noch deutsche Kinder? Die asymmetrische Zuwanderung, bei der vor allem Männer, aber kaum Frauen kommen, löst aber das fundamentale Problem nicht, daß zu wenige Frauen naturgemäß nicht genügend Kinder bekommen können, es sei denn, sie kehrten zu den Verhältnissen des 19. Jahrhunderts zurück, wo die Frauen sechs, acht, zehn und mehr Kinder zur Welt brachten. Das wäre heutzutage ein Unding, aber zwei, drei Kinder je Frau wären eigentlich normal. Warum schaffen das die Französinnen, die deutschen Frauen aber nicht? Sie wollen unabhängig sein, ihr eigenes, selbstbestimmtes Leben führen. Schön und gut, aber hat es nicht immer zum erfüllten Leben einer Frau gehört, daß sie Mutter geworden ist? Warum sollte das uralte Gesetz der Menschheit in Deutschland auf einmal nicht mehr gelten?

Der eigentliche Grund ist der, daß man den Deutschen in jahrzehntelanger Umerziehung das Bewußtsein ausgetrieben hat, ein bedeutendes und für Europas Zukunft wichtiges Volk zu sein. Deutschtum wurde mit Nazismus gleichgesetzt, Bevölkerungspolitik als Teil der nationalsozialistischen Erbmasse konsequent abgelehnt: »Die Deutschen werden immer weniger – na und? Desto besser für die Menschheit!« Die deutsche Antifa überschlug sich fast vor nationalem Selbsthaß, und die Hippie-Generation folgte dem Motto: »Make love, not babies!« So vereinigten sich internationale und typisch deutsche Tendenzen zu einem fatalen Projekt zukunftsloser Selbstverwirklichung.

Es versteht sich von selbst, daß der Staat keine Kinder machen kann; das war schon immer Privatsache. Aber der Staat kann Rahmenbedingungen schaffen, die es den Leuten ermöglichen, Kinder zu bekommen, ohne in die Armutsfalle zu tappen. Solange es eine Umverteilung der Steuern von den Familien auf die Alleinstehenden und von den Berufstätigen auf die Rentner gibt, wird niemand viele Kinder großziehen wollen. Solange es Ehegattensplitting, aber kein Familiensplitting gibt, werden kinderlose Ehepaare begünstigt und Familien benachteiligt.

Mit Verwunderung liest man, daß der Wissenschaftliche Dienst des Bundestages tatsächlich die demographischen Anstrengungen anderer Länder untersucht und festgestellt hat: »Wahlfreiheit der Eltern bei Leistungen des Staates, finanzielle Gerechtigkeit und Vereinbarkeit von Familie und Beruf scheinen eine entscheidende Rolle zu spielen.«[92] Konsequenzen? Bislang keine.

Demographische Entwicklungen laufen im Rhythmus von Generationen ab. Selbst wenn sie die deutschen Verantwortlichen entschließen könnten, ab morgen Bevölkerungspolitik zu betreiben, würden sich die Erfolge erst in Jahrzehnten einstellen. Und man hat ja vordringlichere Probleme: Erst einmal muß über eine Million Flüchtlinge versorgt, untergebracht, verteilt und auch noch integriert werden. Vorläufige Kosten: 50 bis 55 Milliarden Euro. Hätte man die für Familienförderung ausgegeben, stünde das deutsche Volk jetzt nicht ohne eigenen Nachwuchs da. Aber es gibt ja, wie gesagt, in der ganzen deutschen Nachkriegspolitik gar nicht den Willen, diese Katastrophe zu verhindern.

Was wäre denn das für eine Katastrophe?, fragen begriffsstutzige Zeitgenossen. Nun ja, es bedeutete nichts Geringeres als den Untergang einer der großen Kulturnationen der Weltgeschichte. Es sind zumindest drei Bereiche, in denen Angehörige dieses Volkes die Welt bereichert und verändert haben: in der Musik, in der Philosophie sowie in Naturwissenschaften und Technik. Fragt man irgendeinen Musiker, egal ob einen Amerikaner oder Japaner, wen er für den bedeutendsten Komponisten halte, lautet die Antwort fast immer: Bach! Gemeint ist Johann Sebastian Bach (1685–1750), dessen Kompositionen so etwas wie den absoluten Maßstab dafür bilden, was die Kunst der Musik zu erreichen vermag. Und Bach ist ja nicht allein gewesen; da hat es die Zeitgenossen Händel und Telemann gegeben, dann Bachs hochbegabte Söhne Karl Philipp Emanuel und Johann Christian, dann Gluck, danach die

---

[92] Johann Singhammer, »Die asymmetrische Zuwanderung löst kein Problem«, in: *FAZ* Nr. 33 vom 9. Februar 2016.

Wiener Klassik mit Haydn, Mozart, Beethoven und Schubert, daneben Schumann, später den weltberühmten Richard Wagner und den ebenso bedeutenden, wenn auch weniger bekannten Anton Bruckner; und das sind nur die ganz Großen. So wie die Welt im 16. und 17. Jahrhundert vor allem von italienischer Musik erfüllt war, so im 18. und 19. von der deutschen.

Auf dem Gebiet der Philosophie, insbesondere der Metaphysik, haben deutsche Denker schon seit dem Mittelalter die europäische Gedankenwelt maßgeblich bestimmt: zunächst Albertus Magnus, der Lehrer des großen Thomas von Aquin, in der frühen Neuzeit der Philosoph Leibniz, der zugleich der letzte Universalgelehrte war. Dann steht da Immanuel Kant (1724–1804), der allgemein als der größte Philosoph seit Platon gilt. Wie Bach blieb auch er nicht allein: Es folgten Fichte, Schelling und Hegel und (nicht zu vergessen) aus der Schule der Junghegelianer: Karl Marx. Dann die großen unabhängigen Geister Nietzsche und Schopenhauer. – Wie in der Musik waren das späte 18. und das ganze 19. Jahrhundert im wesentlichen deutsche Jahrhunderte, und das erstaunlicher Weise zu einer Zeit, da Deutschland politisch ohnmächtig war und lange Zeit ohne ein Reich.

Schließlich glänzten deutsche Forscher die ganze Neuzeit hindurch auf dem Gebiet der Naturwissenschaften: Es begann mit den Astronomen Kopernikus (der kein Pole war!) und Kepler und gipfelte in der modernen Physik von Einstein, Max Planck und Heisenberg. Justus Liebig revolutionierte die Agrarchemie, Röntgen entdeckte die nach ihm benannten Strahlen, Haber und Bosch gelang die Ammoniak-Synthese, Reis erfand den Fernsprecher usw. usf. Und alles, was sich heutzutage auf der Welt bewegt, wird von deutschen Motoren angetrieben: vom Elektromotor, vom Otto- und vom Dieselmotor und vom Strahltriebwerk. Könnten die Deutschen nicht ein wenig stolz sein auf solche Leistungen?

Als bei der letzten Fußball-Weltmeisterschaft die deutsche Mannschaft die brasilianische mit 7 : 1 gedemütigt hatte, bemerkte ein brasilianischer Intellektueller, das betrübe ihn weit weniger als die Tatsache, daß die Deutschen bei den Nobelpreisen 106 : 0 führten (einhundertsechs zu null!).

Jede andere Nation der Welt erzählt ihrer Jugend von den großen Taten ihrer Vorfahren. Seit dem *Gilgamesch-Epos* und den Epen Homers gehört das zum Standard der Bildung. Aber gerade da haben die Deutschen einen tollen Sonderweg eingeschlagen und erzählen ihrer Jugend nur noch von den Schandtaten ihrer Großväter. »Ist es schon Wahnsinn, hat es doch Methode« – und die einst große Nation mit ihrer Schafsnatur begreift es nicht.

Warum sagt man den jungen Deutschen nicht mehr, was ihnen General de Gaulle nach dem Krieg in einer herrlichen Rede in Ludwigsburg versichert hat? Er sagte (auf deutsch!): »Ihr seid die Söhne eines großen Volkes, jawohl, eines großen Volkes!«

Das ist nun lange her. Die zuversichtliche, hoffnungsvolle Stimmung der Nachkriegszeit ist von der miesen Laune der 68er-Revolte abgelöst worden. Seitdem leiden die Deutschen an den seltsamsten Krankheiten: an chronischem Philosemitismus und grassierendem Feminismus, sie haben Allergien gegen Homophobie und Xenophobie, nach dem Waldsterben haben sie die Klimakatastrophe am Hals und leiden schwer unter Atomangst und Windmühlensucht. Um sich wenigstens moralisch wieder aufzurichten, umarmen sie nun die armen Flüchtlinge und werden, wie Ertrinkende, die sich verzweifelt aneinander klammern, auch miteinander untergehen.

Haben nun die Deutschen eine Regierung, die das verhindern könnte oder auch nur wollte? Es sieht nicht danach aus; man braucht sich nur das Interview der Kanzlerin am 28. Februar 2016 anzusehen und anzuhören. Da gab sie zwar zu: »Klar, ich bin manchmal auch verzweifelt«, aber dann schaltete sie sogleich auf ihren Politikermodus: »Dann sage ich mir, wie ich mir vorstelle, dass aus der Verzweiflung wieder etwas Vernünftiges wird. Dafür ist man Politiker. . . Aber meine – wenn ich es jetzt etwas hart sage – verdammte Pflicht und Schuldigkeit besteht darin, alles dafür zu tun, daß dieses Europa einen gemeinsamen Weg findet.«

Aha, es geht also gar nicht um Deutschland, sondern wieder einmal um Europa, obwohl längst klar ist, daß die anderen Europäer Merkels Spiel nicht mitspielen.

Dergleichen irritiert jedoch die unvergleichliche Kanzlerin nicht im mindesten. »Sie sehe nichts, sagte die Kanzlerin, was bei ihr eine Umsteuerung in der Flüchtlingspolitik hervorrufen könne.« Für sie ist alles durchdacht und logisch. »Und deshalb wünsche ich mir möglichst viele, die mit daran glauben. Dann kann man auch Berge versetzen.«[93] Halleluja! Die Pastorin hat gesprochen. Sie kann auch Berge versetzen.

Dem schockierten Zeitgenossen kommt das alles recht bekannt vor. War da nicht schon einmal jemand, der an Wunder glaubte oder doch zumindest an eine Wunderwaffe? Bei soviel irrationaler Zuversicht wird sogar den Parteifreunden mulmig. Reiner Haseloff, der Ministerpräsident von Sachsen-Anhalt, brachte die Sache auf den Punkt, als er über Merkels Auftritt bei Anne Will befand: »Es gab nicht einmal den Versuch einer Annäherung an die Realität.«[94] Und Horst Seehofer, »der große Vorsitzende« der CSU, diagnostizierte scharfsichtig: »Kanzler glauben im fortgeschrittenen Amtsstadium nur noch an sich selbst.«[95]

Andere Beobachter, denen die Flüchtlingspolitik der Kanzlerin nicht geheuer ist, haben die Frage aufgeworfen, ob man nicht eine Begrenzung der Amtszeit wie bei amerikanischen Präsidenten in Erwägung ziehen sollte. Aber dafür müßte das Grundgesetz geändert werden. Der Kanzler wird nun einmal vom Parlament gewählt, und solange er (oder sie) eine Mehrheit hinter sich hat, regiert er eben weiter, zwölf, vierzehn, sechzehn Jahre, wenn man Pech hat, bis zum St. Nimmerleinstag.

---

[93] Alle Zitate nach Günter Bannas, »Verdammte Pflicht und Schuldigkeit«, in: *FAZ* Nr. 51 vom 1. März 2016.

[94] Reinhard Bingener, »Zwischen Apollo und Herkules«, in: *FAZ* Nr. 55 vom 5. März 2016.

[95] Günter Bannas, aaO. (Anm. 93).

Es gilt unter Historikern als ausgemacht, daß die Weimarer Republik letztlich am Artikel 48 ihrer Verfassung gescheitert ist. Der lautet: »Der Reichspräsident kann, wenn im Deutschen Reich die öffentliche Sicherheit und Ordnung erheblich gestört oder gefährdet wird, die zur Wiederherstellung der öffentlichen Sicherheit und Ordnung nötigen Maßnahmen treffen, erforderlichenfalls mit Hilfe der bewaffneten Macht einschreiten. Zu diesem Zwecke darf er vorübergehend die in den Artikeln 114, 115, 117, 118, 123, 124 und 153 festgesetzten Grundrechte ganz oder zum Teil außer Kraft setzen.«[96] Dieser fatale Artikel ermöglichte es schon ab 1930 der Regierung Brüning, mit Unterstützung des Reichspräsidenten, ohne oder gegen das Parlament zu regieren. Das Ermächtigungsgesetz von 1933 war dann die nächste Stufe abwärts zur Diktatur.

Nun scheint es so, als würde der Artikel 65 des Grundgesetzes zur Falle für die Bundesrepublik. »Der Bundeskanzler bestimmt die Richtlinien der Politik und trägt dafür die Verantwortung.« Bedenkt man, mit welcher Nonchalance Frau Merkel Anfang September 2015 deutsches wie europäisches Recht übergangen und Staatsgrenzen für schlichtweg nicht existent erklärt hat, schwant einem, wohin das führt. Früher sang man in Merkels Heimatstaat: »Die Partei, die Partei, die hat immer recht«, jetzt heißt es eben: Die Kanzlerin hat immer recht, und wenn sie im Unrecht ist, geschieht es euch gerade recht!

»Kismet«, um mit den herzlich Willkommenen zu reden, oder mit einem alten deutschen Sprichwort: »Gegen den Tod ist kein Kraut gewachsen.«– Selten ist die Ohnmacht der Deutschen so klar zutage getreten.

---

[96] *Deutsche Verfassungen*, hg. von Prof. Dr. Rudolf Schuster, München [11]1979, S. 108.

Der türkische Ministerpräsident Davutoglu, Donald Tusk und Jean-Claude Juncker nach dem Abschluß des umstrittenen Flüchtlingsdeals zwischen der EU und der Türkei.

17.

Menschenhandel

»Die legale Migration wird abhängig gemacht von der illegalen Migration. Ein syrischer Flüchtling in der Türkei ist darauf angewiesen, daß ein Flüchtling aus Griechenland zurückgeschickt wird. Der Deal zwischen der Türkei und der EU zur Flüchtlingspolitik ist ein Menschenhandel neuen Stils.«

STEPHAN DETJEN

Menschenraub und Menschenhandel sind fast so alt wie die Weltgeschichte. Man kennt ja die Sage vom Raub der Sabinerinnen: Rom war im 8. Jahrhundert v. Chr. nur ein Lager von Straßenräubern am Tiberübergang. Dort gab es verständlicherweise einen Männerüberschuß. Also beschlossen die Herren Räuber, sich Frauen bei den Sabinern zu beschaffen, auf die gewohnte Art: durch Raub. Immerhin sind so die Sabinerinnen zu den Stammüttern vieler Römer geworden. Man kennt auch den Sklavenhandel von Afrika nach Amerika: Als die Spanier und Engländer, die Amerika erobert hatten, bemerkten, daß sich die Indianer nicht sonderlich gut als Arbeitssklaven eigneten, beschlossen sie, sich kräftige Sklaven aus Westafrika zu beschaffen, die sie dort von meist muslimischen Sklavenhändlern billig erweben konnten.

Nach der Abschaffung der Sklaverei in den USA ist die westliche Welt der Illusion erlegen, der Sklavenhandel sei damit abgeschafft, aber das war und ist eine ihrer vielen Selbsttäuschungen. Im Orient gab es immer Sklavenhandel und gibt es ihn bis heute, nur haben die Europäer immer diskret weggeschaut. Meist waren es ostafrikanische Sklaven, die im Orient gehandelt wurden, aber im Mittelalter waren auch Europäer und vor allem Europäerinnen sehr gefragt und erzielten gute Preise.

Die Fortsetzung dieses blühenden Geschäfts hat neuerdings der Islamische Staat übernommen, indem er jezidische Frauen versklavt und sie anstelle des gekürzten Solds seinen Kämpfern zur Verfügung stellt. Wenn diese dann genug von ihnen haben, verkaufen sie sie einfach weiter. Viele dieser schwer traumatisierten Frauen haben inzwischen fliehen können. Daß Baden-Württemberg sich bereitgefunden hat, tausend von ihnen aufzunehmen und psychologisch zu betreuen, ist aller Ehren wert und dürfte von keinem anständigen Menschen beanstandet werden. Auch ist die begrenzte Zahl durchaus begründet. Psychotherapie erfordert nun einmal intensive Gespräche, am besten in der Muttersprache der Patienten. Da dürfte es schon bei tausend Patientinnen schwierig werden; es wäre deshalb unverantwortlich, fünf- oder gar zehntausend solcher Frauen zur Behandlung nach Baden-Württemberg zu holen.

Handelt es sich hier um einen echten Notfall, muß die in Aussicht genommene Abmachung der EU mit der Türkei eher als staatlich organisierter Menschenhandel gelten, was eine Zeitung mit dem Titel »Tausche Flüchtling gegen Flüchtling« karikiert hat. »Die Regierung in Ankara bietet an, jeden Flüchtling, der es aus der Türkei über die Ägäis nach Griechenland schafft, wieder zurückzunehmen. Bedingung dafür ist jedoch nicht nur, daß die EU dafür bezahlt, sondern daß sie zugleich für jeden in die Türkei zurückgebrachten Flüchtling einen Flüchtling aus türkischen lagern innerhalb der EU unterbringt.«[97]

»Innerhalb der EU« bedeutet nach bisherigen Erfahrungen: vor allem in Deutschland. Und wenn die Flüchtlinge aus der Türkei wie vorgesehen auf dem Luftweg transportiert werden sollen, kann man sich leicht vorstellen, welche Flugroute dann gewählt wird: Istanbul–Frankfurt natürlich. Die anderen ›Freunde‹ Deutschlands, vor allem die östlichen Nachbarn, werden sich schön hüten, solche Flüchtlingstransporter in Budapest, Prag, Warschau, Bukarest, Sofia oder Belgrad landen zu lassen.

Was die Bezahlung angeht: Die Türkei möchte statt der bisher von der EU angebotenen 3 Milliarden das Doppelte, also 6 Milliarden; ein hübsches Sümmchen. Aber der türkische Ministerpräsident Davutoglu trug auf dem Treffen der europäischen Staats-

---

[97] »Kontingente durch die Hintertür«, in: *FAZ* Nr. 58 vom 9. März 2016.

und Regierungschefs am 8. März in Brüssel noch einige weitere Wünsche vor: Die Visumpflicht für türkische Staatsbürger, die in die EU einreisen wollen, soll aufgehoben werden. Was auf den ersten Blick harmlos erscheint, hat einen Pferdefuß: Die Kurden der Türkei sind auch Staatsbürger! Wenn nun der Krieg, den die Regierung in Ankara gegen ihre kurdischen Mitbürger führt, weiter eskaliert, könnten Hunderttausende von ihnen nach Deutschland einreisen und sogar einen Asylgrund vorweisen: Verfolgung in ihrem Heimatland. Wird man dann die Türkei zu einem sicheren Herkunftsland erklären können wie die Balkanstaaten?

Schließlich wollte Herr Davutoglu auch noch, daß die Beitrittsverhandlungen der EU mit der Türkei vorangetrieben würden. Das ist inzwischen eine schier endlose Geschichte, deren Ausgang nach wie vor ungewiß ist. Jeder weiß, daß eine Aufnahme der Türkei die Europäische Union fundamental verändern würde. Aber das ist momentan kein vordringliches Thema.

Zum gegenwärtigen Zeitpunkt (März 2016) ist eine Atempause eingetreten, die jedoch keineswegs Frau Merkels Verdienst ist. Bekanntlich hat ihr Amtskollege Faymann eine Kehrtwende vollzogen und in Zusammenarbeit mit den Regierungen der Balkanstaaten die ›Politik des Durchwinkens‹ beendet, so daß es für die Flüchtlinge auf der Balkanroute fast unmöglich geworden ist, ins Land ihrer Träume zu gelangen und von ›Mutti Merkel‹ herzlich an den Busen gedrückt zu werden. Aber »das Wasser sucht sich seinen Weg«, wie ein Sprichwort sagt, und der Flüchtlingsstrom wird auch einen anderen finden.

Nun haben die Wähler in drei Bundesländern am 13. März 2016 recht deutlich ihr Mißfallen an Merkels Politik zum Ausdruck gebracht, obwohl es doch eigentlich nur um die Wahl von Landtagen ging, die gar keinen Einfluß auf die Außenpolitik nehmen können. Die Ergebnisse waren nicht nur ein Wink mit dem Zaunpfahl, schallende Ohrfeigen für die in Berlin regierenden Parteien. Wird sich Madame das zu Herzen nehmen? Die sie kennen, verneinen es. »Die große Koalition bekam am Sonntag die Quittung dafür, daß ihre Flüchtlingspolitik Deutschland polarisiert wie lange nichts mehr. Wird Merkel wegen dieses Wahlergebnisses auf dem bevorstehenden EU-Gipfel ihren Kurs ändern? Da geht eher ein Kamel durch ein Nadelöhr. Wer in der CDU sollte sie dazu zwingen wollen oder können? Nach diesem Sonntag hat die Partei in der Nachfolgefrage noch weniger Wahl als zuvor.«[98]

Da wird angedeutet, warum die Kanzlerin ihren Weg stur wie ein Panzer weiterverfolgen wird: Sie hat in ihrer Partei keine Konkurrenz; wie einst Helmut Kohl hat sie es geschickt verstanden, etwaige Nebenbuhler aus dem Weg zu räumen, so dass die Nachfolgefrage völlig offen ist. Für die kleinen Parteigranden der CDU gibt es ›keine Alternative‹ zu ihr, so wenig sie selbst eine Alternative zu ihrer Politik kennt. Erfahrungsgemäß ist das meist der Anfang vom Ende. Dabei wäre es nicht tragisch, wenn es nur um das Ende einer politischen Karriere ginge, aber es soll auch schon Politiker gegeben haben, die ihr ganzes Gemeinwesen mit in den Abgrund gezogen haben.

Es ist wie beim Weintrinken: Man muß wissen, wann man aufhören muß, sonst ist man schließlich betrunken. Und daß auch die Macht betrunken, ja besoffen machen kann, dafür gibt es schon in der Antike das Beispiel des Cäsarenwahns, dem die Römer vergeblich zu begegnen suchten, indem sie hinter einen Feldherrn auf dem Triumphzug einen Sklaven auf den Triumphwagen stellten, der ihn immer wieder ermahnte: »Bedenke, daß du sterblich bist!« Es hat aber weder bei Caligula, noch bei Nero, noch bei Commodus geholfen.

Man sollte, gerade in höchsten Ämtern, seine Grenzen kennen, das heißt nicht nur seine persönlichen, sondern auch die des Staates, den man lenkt. Leider hat Frau Merkel gerade dafür keine Antenne. Sie will partout keine Obergrenzen für die Aufnahme von Flüchtlingen; zeitweilig leugnete sie sogar glatt, daß es

---

[98] Berthold Kohler, »Merkels Wahl«, in: *FAZ* Nr. 62 vom 14. März 2016.

Staatsgrenzen gibt. Eben damit legt sie die Axt an die Wurzel des Staates. Es gibt keine Volkssouveränität ohne ein Staatsvolk und kein Staatsgebiet ohne anerkannte Grenzen.

Nehmen wir an, es gäbe demnächst tatsächlich eine geregelte Einwanderung nach Deutschland, die auch eine Perspektive der Integration böte, so müßten doch zwei Dinge klar erkannt werden: Erstens kann ein solches Experiment nur gelingen, wenn die Zahl der Einwanderer überschaubar bleibt. Bundeskanzler Faymann ist der Meinung, wenn Österreich jährlich 37 000 aufnehme (wie es für das laufende Jahr geplant ist), dann könnten es für Deutschland 400 000 sein. Aber das wären in nur fünf Jahren auch schon zwei und mit den Zuwanderern des Jahres 2015 insgesamt drei Millionen. Das dürfte bereits eine Überdosis sein.

Zweitens sollten die Fremden demselben Kulturkreis entstammen, zu dem das Aufnahmeland gehört. Polen, Italiener und viele andere Europäer, die nach Deutschland eingewandert sind, haben kaum Probleme bereitet. Sie hatten lediglich die Sprachbarriere zu überwinden, was schon für ihre Kinder eine Selbstverständlichkeit war. Aber ihr Weltbild und das der Deutschen waren weitgehend identisch.

Bei Muslimen verhält es sich völlig anders, falls ihnen ihr Glaube noch etwas bedeutet. Fromme oder gar fanatische Muslime sind hier nicht integrierbar. Das haben, wie schon erwähnt, weder die Franzosen mit ihren Algeriern noch die Engländern mit ihren Pakistanis geschafft. Muslime fühlen sich den in ihren Augen Ungläubigen gegenüber immer überlegen. Warum sollten sie sich an ihre Sitten und Gebräuche anpassen, die sie für Unsitten halten? Es wäre für sie ja geradezu Abfall vom Glauben. Das verstehen viele Deutsche nicht, da sie selbst ihren christlichen Gauben verloren haben oder er ihnen doch so beiläufig geworden ist, daß er ihr Leben kaum noch bestimmt.

Heißt das nun, man sollte nur die Christen aufnehmen, die im Orient zweifellos am meisten verfolgt sind? Die Meinungen darüber sind gespalten. Fromme Christen in Europa halten es für eine

Christenpflicht, ihren Glaubensbrüdern zu helfen. Aber die Bischöfe der orientalischen Kirchen befürchten, daß ihr zweitausendjährige Tradition endgültig verlorenginge, wenn die Mehrheit ihrer Gläubigen in alle Welt verstreut würde. Es ist zweifellos eine Tragödie, deren Ausmaß die meisten Europäer gar nicht ermessen können.

Da heißt es dann obenhin: Wir müssen die Fluchtursachen bekämpfen. Und was bedeutet das konkret? Die orientalischen und afrikanischen Konflikte müßten beigelegt werden. Aber das sagt sich so leicht und ist doch auf Dauer bisher niemandem gelungen. Es wird auch der »mächtigsten Frau der Welt« und ihren bis zur Dummheit gutmütigen Anhängern nicht gelingen. Die Deutschen sollten sich ein- für allemal abschminken, am deutschen Wesen werde die Welt genesen. Die dreht sich immer noch auf die ihr eigene Weise und wird sich das Gesetz des Handelns nicht von den Deutschen und ihrer Kanzlerin aufzwingen lassen.

Die Masseneinwanderung ist eindeutig ein angelsächsisches Zerstörungsmodell gegen die Nationalstaaten. Foto: Reuters.

18.

Abgesang

»Und sie laufen! Naß und nässer
Wirds im Saal und auf den Stufen:
Welch entsetzliches Gewässer!
Herr und Meister! hör mich rufen! –
Ach, da kommt der Meister!
Herr, die Not ist groß!
Die ich rief, die Geister,
Werd ich nun nicht los.«

JOHANN WOLFGANG VON GOETHE

Der Zauberlehrling

Die Deutschen sind das einzige Volk auf Erden, das sich nicht traut, die erste Strophe seiner Nationalhymne zu singen. Und warum nicht? Stehen da etwa so martialische Verse wie in der *Marseillaise*: ». . . vorwärts durch Feindesblut bahnt euch den Weg zum Sieg«? Nichts dergleichen. Da steht nur: »Deutschland, Deutschland über alles«; und was ist damit gemeint? Wenn ein Kind heimkommt und einfach »Hunger!« sagt, heißt das: Ich habe Hunger. Wenn jemand »Hilfe!« ruft, bedeutet es: Ich brauche Hilfe. Und wenn einer niest und ein anderer »Gesundheit!« sagt, meint er: Ich wünsche dir Gesundheit. Fazit: Solche Satzfragmente, die nur aus einem Substantiv bestehen, sind gewöhnlich Akkusativobjekte eines naheliegenden Verbs, das man auch weglassen kann.

Überträgt man diese Einsicht auf das *Deutschlandlied*, ergibt sich als einzig sinnvolle Ergänzung: Ich lieb Deutschland über alles. Das ist anscheinend peinlich für ein Volk, das nicht viel von Liebe versteht und ungern über sie redet. Es ist ja nicht einmal imstande, das französische »faire l'amour« ordentlich ins Deutsche zu übersetzen. Die Leute im Mittelalter waren dazu noch fähig; sie sagten »der liebe pflegen«. Was für eine schöne und vornehme Ausdrucksweise im Vergleich zu den primitiven Verben, die neuerdings üblich sind und von den Zugewanderten, die das Land kulturell bereichern sollen, schnell übernommen werden. Da haben doch Burschen, die es von jenseits des Mittelmeers auf die Kölner Domplatte geschwemmt hatte, deutschen Frauen Zettel unter die Nasen gehalten mit der freundlichen Einladung: »Wills du ficken?« – Armes Deutschland!

Was soll eine Nation von Liebe verstehen, die sich selber nicht mag! Aber woher kommt das? Vermutlich, weil sie schwer traumatisiert ist; denn was von Personen gilt, die Schreckliches erlebt haben, gilt auch von Völkern. Bedenkt man nun, daß die Deutschen im Abstand von einer Generation zwei Weltkriege verloren haben, darf man zumindest vermuten, daß sie traumatisiert sind. Das ist zwar zwei Generationen her, aber wie israelische Psychologen festgestellt haben, beeinträchtigen solche Traumata auch noch die Kinder und Enkel der Betroffenen. Manche Krankheiten, auch seelische, vererben sich eben oder doch zumindest die Disposition dazu.

Nun sind die Deutschen nicht erst durch die Weltkriege, sondern schon durch die Napoleonischen und noch mehr durch den Dreißigjährigen Krieg verstört und verwirrt worden. Wahrscheinlich hat keiner dieses deutsche Elend besser beschrieben als Hölderlin in seiner bekannten Philippika im *Hyperion*: »Barbaren von alters her, durch Fleiß und Wissenschaft und selbst durch Religion barbarischer geworden, tiefunfähig jedes göttlichen Gefühls, verdorben bis ins Mark zum Glück der seligen Grazien, in jedem Grad der Übertreibung und der Ärmlichkeit beleidigend für jede gutgeartete Seele, dumpf und harmonielos, wie die Scherben eines weggeworfenen Gefäßes – das, mein Bellarmin, waren meine Tröster!

Es ist ein hartes Wort, und dennoch sag ichs, weil es Wahrheit ist: ich kann kein Volk mir denken, das zerrißner wäre, wie die Deutschen. Handwerker siehst du, aber keine Menschen, Denker, aber keine Menschen, Priester, aber keine Menschen, Herrn und Knechte, Jungen und gesetzte Leute, aber keine Menschen – ist das nicht, wie ein Schlachtfeld, wo Hände und Arme und alle Glieder zerstückelt untereinander liegen, indessen das vergoßne Lebensblut im Sande zerrinnt?«[99]

Wenig später fordert er vom Menschen: ». . . mit Ernst, mit Liebe muß er das sein, was er ist, so lebt ein Geist in seinem Tun. . .« Es scheint so einfach, »sein, was er ist«, und doch für die Deutschen unerreichbar.

---

[99] Friedrich Hölderlin, *Dichtungen und Briefe*, Winkler-Verlag München o. J., S. 419 f.

Eine junge Afrikanerin, die an einer deutschen Universität studiert, erzählte in einem Interview, wie erstaunt sie gewesen sei, als sie von deutschen Studentinnen erfuhr, sie seien auf der Suche nach sich selber. Sie meinte: »Ich bin doch schon immer bei mir. Wo soll ich mich denn suchen?« Da dachte ich: Mädchen, du bist gescheiter als alle diese verrückten Studentinnen, unter die du geraten bist!

Nun haben sich jene Vordenker, die Präsident Roosevelt einst berieten, eine ganz besondere Therapie für die geistig verwirrten und seelisch geschädigten Deutschen ausgedacht: Sie sollten begreifen, daß sie an all ihrem Unglück ganz allein selber schuld seien und jede Art von Strafe demütig anzunehmen hätten. Gelehrig, wie der deutsche Michel nun einmal ist, hat er diese Lehre so verinnerlicht, daß er neben seiner Schuld in der ganzen deutschen Geschichte keinen einzigen Lichtblick mehr sieht. Er hat zu büßen und zu Kreuze zu kriechen bis ans Ende seiner Tage. So ist die Bundesrepublik zu einer Canossa-Republik geworden, wie es der estnische Staatspräsident einmal formuliert hat.

Rätselhaft an der gegenwärtigen Politik der Kanzlerin bleibt allerdings, wie sie den Geist der Canossa-Republik so verinnerlichen konnte, wo sie doch in der DDR aufgewachsen ist. Da scheint ein geradezu kataraktischen Lernprozeß stattgefunden zu haben, der es ihr ermöglichte, in weniger Jahren sogar ihren Lehrmeister Kohl an Bußgeist zu übertrumpfen. War es denn etwas anderes als Bußgesinnung, die diesen dazu zwang, für die unverdiente Wiedervereinigung die deutsche Währung auf dem Altar Europas zu opfern? Und ist die ›Willkommenskultur‹ etwas anderes als eine neue Etappe auf dem unendlichen Bußgang der Deutschen für ihre angeblich einmaligen Verbrechen? Wollte Gott, sie wären die einzigen gewesen, die im 20. Jahrhundert Verbrechen begangen haben! Aber während fast alle anderen souverän über ihre eigenen Untaten hinwegsehen, steigern sich die deutschen Psychopathen in einen Selbsthaß hinein, der, wenn nicht doch noch ein Wunder geschieht, zu ihrer Auflösung als Nation führen wird.

Nachruf

Als die Nachricht vom Tode Hitlers den Kreml erreichte, soll Stalin gesagt haben: »Die Hitler kommen und gehen; das deutsche Volk bleibt ewig.« Tatsächlich hat das deutsche Volk Hitler überlebt. Ob es Angela Merkel auch noch überleben wird, weiß der Himmel. Jedenfalls wird es nicht mehr das Volk sein, das die Welt seit tausend Jahren kennt.

Art. 20 des Grundgesetzes

(1) Die Bundesrepublik Deutschland ist ein demokratischer und sozialer Bundesstaat.

(2) Alle Staatsgewalt geht vom Volke aus. Sie wird vom Volke in Wahlen und Abstimmungen und durch besondere Organe der Gesetzgebung, der vollziehenden Gewalt und der Rechtsprechung ausgeübt.

(3) Die Gesetzgebung ist an die verfassungsmäßige Ordnung, die vollziehende Gewalt und die Rechtsprechung sind an Gesetz und Recht gebunden.

(4) Gegen jeden, der es unternimmt, diese Ordnung zu beseitigen, haben alle Deutschen das Recht zum Widerstand, wenn andere Abhilfe nicht möglich ist.